PRÉPARATION AUX EXAMENS

DU

CERTIFICAT D'ÉTUDES PRIMAIRES

PRÉCIS DE MORALE

ET

D'INSTRUCTION CIVIQUE

RÉPARTITION MENSUELLE DES PROGRAMMES.
DÉVELOPPEMENTS. — RÉDACTIONS DÉVELOPPÉES POUR CHAQUE MOIS.
TEXTES DONNÉS DANS LES DEUX DERNIÈRES SESSIONS ET CLASSÉS
SELON L'ORDRE DES PROGRAMMES

Par A. CARRÈRE,

Directeur d'École publique.

TOULOUSE

LIBRAIRIE MARQUESTE FRÈRES

16, RUE DES LOIS, 16

—

1894

PRÉPARATION AUX EXAMENS

DU

CERTIFICAT D'ÉTUDES PRIMAIRES

PRÉCIS DE MORALE

ET

D'INSTRUCTION CIVIQUE

RÉPARTITION MENSUELLE DES PROGRAMMES.
DÉVELOPPEMENTS. — RÉDACTIONS DÉVELOPPÉES POUR CHAQUE MOIS.
TEXTES DONNÉS DANS LES DEUX DERNIÈRES SESSIONS ET CLASSÉS
SELON L'ORDRE DES PROGRAMMES

Par A. CARRÈRE,

Directeur d'École publique.

⊢×⊣

TOULOUSE

LIBRAIRIE MARQUESTE FRÈRES

16, RUE DES LOIS, 16

1894

TOULOUSE. — IMPRIMERIE J. FOURNIER, BOULEVARD LAZARE-CARNOT, 62

AVANT-PROPOS

L'arrêté du 29 décembre 1891 prescrit qu'à l'examen du certificat d'études primaires l'épreuve de la composition française consiste en une rédaction d'un genre simple portant, suivant un choix à faire par l'Inspecteur d'Académie, sur l'un des trois objets ci-dessous :

1° L'instruction morale et civique ;

2° L'histoire et la géographie ;

3° Des notions élémentaires de sciences avec leurs applications à l'agriculture et à l'hygiène.

Sachant par expérience combien les enfants éprouvent de difficultés à résumer une leçon orale ou un chapitre du livre, après avoir donné pour chaque mois le texte des programmes, nous avons développé ce texte aussi succinctement que possible et, afin de ne pas nous égarer dans ce développement, nous avons fait un choix des questions posées aux deux dernières sessions d'examens et nous avons fourni les éléments qui permettent de répondre à ces questions.

De plus, nous avons donné pour chaque mois au moins une question de morale et une question d'instruction civique traitée par un candidat et corrigée.

L'élève qui aura entre les mains notre petit livre sera donc guidé : 1° par le texte des programmes ; 2° par un développement concis et précis, mais suffisant ; 3° par des modèles de rédactions sur chaque série de questions ; 4° par des questions similaires qui ont été réellement données dans les examens du certificat d'études ; 5° par des renseignements dont nous faisons suivre ces questions quand nous le jugeons nécessaire.

C'est la première fois, pensons-nous, qu'un guide aussi sûr et aussi complet est donné à des candidats.

A. C.

Nous préparons, d'après le même plan :
1° Un précis de sciences usuelles ;
2° Un précis d'histoire et de géographie.

MORALE

MOIS D'OCTOBRE

Programme. — *Ce que c'est que la morale;
son but.* — *L'enfant dans la famille.* — *Devoirs envers les
parents et les grands parents.*

Obéissance, respect, amour, reconnaissance. — *Aider
les parents dans leurs travaux, les soulager dans leurs
maladies; venir à leur aide dans leurs vieux jours.*

DÉVELOPPEMENT DU PROGRAMME

La morale, c'est l'étude qui nous apprend ce qui est
bien et ce qui est mal. Etudier la morale, c'est apprendre comment on peut devenir honnête, bon, loyal, cou-
rageux, c'est-à-dire honnête homme et bon citoyen.

La famille, c'est la réunion du père, de la mère, des
enfants, des grands parents, et, par extension, des domestiques qui vivent dans la même habitation.

L'enfant a des devoirs à remplir à l'égard de chacun
des membres de sa famille :

A ses parents et à ses grands parents, il doit l'obéissance, le respect, l'amour et la reconnaissance; il doit
aimer ses frères et ses sœurs; il doit être poli envers les
domestiques.

L'obéissance, c'est la soumission aux ordres donnés
ou aux défenses faites.

Le respect, c'est la vénération, la déférence qu'on a
pour quelqu'un, pour quelque chose, à cause de son
excellence, de son caractère, de sa qualité, etc. L'amour
filial, c'est le sentiment d'affection que le fils ressent
pour ses parents et ses grands parents. La reconnaissance, c'est le souvenir des bienfaits reçus; ce sentiment de reconnaissance s'appelle encore gratitude.

On doit obéir à ses parents à cause de leur autorité légitime sur leurs enfants; on doit leur obéir encore par intérêt, car les parents savent mieux que personne ce qu'il faut à leurs enfants; ils ont plus d'expérience qu'eux, et ils les aiment trop pour leur ordonner ou leur défendre quelque chose de contraire à leurs intérêts.

On doit respecter ses parents à cause de l'autorité naturelle qu'ils ont sur leurs enfants. Le respect qu'ils inspirent doit aller jusqu'à la piété filiale.

On doit leur être reconnaissant pour tous les soins dont ils entourent leurs enfants, pour toutes les peines qu'ils se sont données, pour les sacrifices sans cesse renaissants qu'ils font pour eux.

On doit les aimer à cause de leur grande affection pour nous et de leur sollicitude; l'amour filial est la meilleure preuve de la reconnaissance.

L'enfant doit obéir tout de suite, soit que les parents ordonnent, soit qu'ils défendent; il doit obéir sans répliquer.

Il doit marquer son respect par son maintien, par ses paroles, par ses actes.

Il montrera sa reconnaissance par l'empressement qu'il mettra à rendre à ses parents tous les services qu'il peut leur rendre.

Il montrera son amour par son obéissance, son respect, sa reconnaissance.

SUJET DE RÉDACTION DONNÉ AUX EXAMENS DU CERTIFICAT D'ÉTUDES PRIMAIRES

Enumérez, définissez et justifiez vos devoirs envers les parents. Que faites-vous pour vous en acquitter pendant qu'ils sont jeunes? Que ferez-vous quand ils seront vieux et infirmes?

DÉVELOPPEMENT

Les enfants doivent à leurs parents l'obéissance, le respect, la reconnaissance, l'amour.

L'obéissance, c'est la soumission aux ordres donnés ou aux défenses faites ; le respect, c'est la marque de déférence due à tous ceux qui sont au-dessus de nous ; la reconnaissance, c'est le souvenir et la gratitude des bienfaits reçus ; l'amour, c'est le témoignage de la tendresse sans bornes que nous devons avoir pour nos parents.

Nous devons à nos parents l'obéissance à cause de leur autorité sur nous ; nous avons aussi à leur obéir dans notre propre intérêt ; nous leur devons le respect à cause de leur supériorité naturelle sur nous ; nous devons leur être reconnaissants pour les bienfaits que nous en recevons ; nous devons les aimer pour leur prouver notre reconnaissance.

Pendant que les parents sont jeunes, les enfants peuvent leur rendre quelques petits services ; ils peuvent leur être de quelque utilité dans leurs travaux, ils doivent s'empresser de faire ce qui est en leur pouvoir ; ils doivent être prévenants et s'efforcer de contenter leurs désirs.

Quand ils sont devenus vieux ou infirmes, le devoir des enfants est de les nourrir et de les soigner.

Autres rédactions données dans les examens.

1. — Pourquoi un enfant doit-il aimer ses parents ? Comment leur témoigne-t-il son affection ?

2. — La reconnaissance : 1º définition de la reconnaissance ; 2º envers quelles personnes les enfants doivent-ils être reconnaissants (1) ? 3º pourquoi ?

3. — Vous avez appris qu'un de vos cousins a la mauvaise habitude d'aller courir, le soir, après la classe, au lieu de rentrer à la maison où sa mère a besoin

(1) Les enfants doivent être reconnaissants non seulement envers leurs parents, mais encore envers leurs maîtres et envers tous leurs bienfaiteurs.

de lui. Ecrivez-lui pour lui montrer qu'il a tort d'agir ainsi et expliquez-lui quels sont les principaux devoirs des enfants à l'égard de leurs parents.

4. — Expliquez pourquoi les petits enfants doivent aimer leurs grands parents et faites connaître les devoirs qu'ils ont à remplir envers eux.

5. — L'un de vos amis, âgé de dix-sept ans, et déjà pourvu d'un emploi, a quitté sa famille, qui est pauvre, pour vivre indépendant, et néglige de lui venir en aide. Vous lui écrivez pour le rappeler au sentiment de ses devoirs.

6. — En quoi consiste l'obéissance ? A qui devez-vous l'obéissance, et pourquoi ? Donnez un exemple dans lequel vous ferez connaître les dangers de la désobéissance.

7. — Quels sont les êtres et les choses que vous devez respecter ? Pourquoi devez-vous les respecter ? Comment vous acquitterez-vous de ce devoir ? Citez un bel exemple de respect.

INSTRUCTION CIVIQUE

MOIS D'OCTOBRE

Programme. — *Organisation de la France avant 1789. — Organisation actuelle. — La Constitution. — Souveraineté nationale. — Suffrage universel.*

DÉVELOPPEMENT DU PROGRAMME

On entend par *ancien régime* l'ancienne forme de gouvernement qui prit fin en 1789.

Voici quels sont les caractères de l'ancien régime :

1° le pouvoir du roi était absolu ; 2° les deux premiers ordres de l'Etat (noblesse et clergé) jouissaient de privilèges excessifs ; 3° il y avait des abus invétérés dans toutes les branches de l'administration publique.

Louis XIV, dans ses *Instructions à l'usage du Dauphin*, a formulé ainsi la doctrine du pouvoir absolu : « Le roi représente la nation toute entière ; toute puissance réside dans les mains du roi..... ; quiconque naît sujet doit obéir sans discernement. »

Sous le prétexte que le clergé priait, que la noblesse combattait, les privilégiés se refusaient à payer presque tous les impôts qui pesaient dès lors plus lourdement sur le Tiers-Etat.

Non seulement les privilégiés payaient moins d'impôts que le peuple, mais le peuple leur payait à eux-mêmes des impôts ; le clergé, outre le produit des quêtes et du casuel, percevait sur les blés, le vin, le bétail et tous les fruits de la terre, un impôt qu'on appelait la dîme.

Les nobles exigeaient du paysan les droits seigneuriaux : les *lods* et *ventes* ou *droits casuels*, la *taille seigneuriale*, les *corvées*, les *péages*, les *banalités*, les droits de *colombier*, de *garenne*, etc., etc.

Dans chaque administration, il y avait des abus criants : Les gouverneurs de province, tous gens de haute noblesse et largement appointés, se bornaient à présider les sessions des assemblées provinciales, et le reste de l'année ils résidaient à la cour.

Les charges de justice étaient vénales et héréditaires ; elles étaient la propriété des juges qui les avaient achetées ou qui en avaient hérité ; le cours régulier de la justice pouvait être arrêté par le roi ; le roi, quand il voulait faire condamner quelque grand personnage, l'enlevait à ses juges naturels et le traduisait devant une commission extraordinaire.

On n'accordait au prévenu ni débat public, ni confrontation de témoins, ni communication de pièces, ni assistance d'avocat ; le grand moyen d'instruction, c'était la *question* ; les supplices étaient cruels et dignes d'un peuple de sauvages.

L'armée, même après les réformes de Louvois, reflétait l'inégalité sociale : les chefs étaient nommés pour leurs quartiers de noblesse et non pour leurs talents ; les grades s'achetaient ou s'obtenaient à la faveur.

L'administration financière donnait lieu à des abus aussi invétérés que les autres : la taille, arbitrairement fixée par le roi, était arbitrairement perçue par les *collecteurs*, contribuables à qui on imposait cette fonction désagréable et qui répondaient sur leurs biens du rendement de l'impôt ; ils étaient forcés de ménager les puissants et chargeaient d'autant plus les pauvres.

L'organisation actuelle de la France repose sur les principes suivants : souveraineté nationale, libertés publiques, égalité entre tous les citoyens.

Le principe de la souveraineté nationale est formulé dans la « Déclaration des droits de l'homme et du citoyen » :

« Le principe de toute souveraineté réside essentiellement dans la nation. Nul corps, nul individu ne peut exercer d'autorité qui n'en émane expressément. » « La loi est l'expression de la volonté générale. Tous les citoyens ont droit de concourir personnellement ou par leurs représentants à sa formation. »

Nous devons à la Révolution :

1° La liberté individuelle : « Nul homme ne peut être accusé, arrêté, ni détenu que dans les cas déterminés par la loi et selon les formules qu'elle a prescrites. Ceux qui sollicitent, expédient ou exécutent ou font exécuter des ordres arbitraires doivent être punis. » (*Déclaration des droits de l'homme et du citoyen.*)

2° La liberté de conscience : « Nul ne doit être inquiété pour ses opinions, pourvu que leur manifestation ne trouble pas l'ordre établi par la loi. » *(Déclaration des droits de l'homme et du citoyen.)*

3° La liberté de communiquer ses pensées par la parole ou par les écrits : « La libre communication des pensées et des opinions est un des droits les plus précieux de l'homme ; tout citoyen peut donc parler, écrire, imprimer librement, sauf à répondre de l'abus de cette liberté dans les cas déterminés par la loi. » *(Déclaration des droits de l'homme et du citoyen.)*

Au sujet du principe de l'égalité entre tous les citoyens, la *Déclaration des droits de l'homme* s'exprime ainsi : « Les hommes naissent et demeurent libres et égaux en droits. Les distinctions sociales ne peuvent être fondées que sur l'utilité commune. « La loi doit être la même pour tous, soit qu'elle protège, soit qu'elle punisse. — Tous les citoyens sont égaux à ses yeux, sont également admissibles à toutes les dignités, places et emplois publics, selon leur capacité et sans autre distinction que celle de leurs vertus et de leurs talents. »

En conséquence : « Il n'y a plus ni noblesse, ni pairie, ni distinctions héréditaires, ni distinctions d'ordres, ni régime féodal, ni justices patrimoniales, ni aucun des titres, dénominations et privilèges qui en dérivaient, ni aucun ordre de chevalerie, ni aucune des corporations ou décorations pour lesquelles on exigeait des preuves de noblesse ou qui supposaient des distinctions de naissance, ni aucune autre supériorité que celle des fonctionnaires publics dans l'exercice de leurs fonctions. »

Le *suffrage universel* est le droit de vote accordé à tous les citoyens. C'est par l'exercice du suffrage universel que l'on se rend compte de la volonté nationale.

La *Constitution* est la loi fondamentale qui règle l'organisation et les rapports des pouvoirs publics. La Constitution actuelle date de 1875 et a été modifiée déjà plusieurs fois sur quelques points de détail.

SUJET DE RÉDACTION DONNÉ AUX EXAMENS DU CERTIFICAT
D'ÉTUDES PRIMAIRES

**Qu'entend-on par souveraineté nationale? Par suffrage
universel? Pourquoi ne doit-on pas se révolter contre la
loi?**

DÉVELOPPEMENT

On entend par souveraineté nationale le droit qu'une
nation possède de disposer d'elle-même. La France est
un pays de souveraineté nationale, puisque le pouvoir
exécutif est l'émanation des élus de la nation et que,
par conséquent, en nommant une majorité différente de
représentants on peut arriver à un changement de personnes dans le Gouvernement et aussi à des modifica-
tions dans la Constitution.

Le suffrage universel, c'est le droit de voter accordé
à tous les citoyens; par conséquent, le suffrage universel
c'est le moyen le plus large, pour une nation, d'exercer
sa souveraineté.

La loi est faite par les représentants de la nation nommés par elle; elle est donc l'expression de la volonté
nationale; une loi peut être modifiée ou abrogée dès
qu'une majorité parlementaire se prononce contre elle;
par conséquent, le peuple n'a qu'à s'incliner devant la
loi.

Se révolter contre la loi serait se révolter contre la
souveraineté nationale elle-même.

Autres rédactions données dans les examens.

1. — Expliquez à un camarade plus jeune que vous
le fonctionnement du suffrage universel; nommez
les différentes fonctions électives.

Renseignements. — Il ne suffit pas d'être citoyen français,
âgé d'au moins vingt et un ans, et n'avoir été l'objet d'aucune
condamnation infamante pour prendre part à une élection; il

faut encore être inscrit sur une liste électorale. Les listes électorales se font par commune et sont révisées chaque année ; elles sont arrêtées définitivement le 31 mars de chaque année et servent pendant un an pour toutes les élections qui ont lieu au suffrage universel, savoir : pour les élections municipales, départementales ou générales.

Les principales fonctions électives sont celles de conseiller municipal, de maire et d'adjoint, de conseiller d'arrondissement, de conseiller général, de député, de sénateur, de juge au tribunal de commerce.

2. — Ce que c'est qu'une Constitution ? quelle est la première Constitution qu'ait eue la France ? quelle est celle qui nous régit aujourd'hui ?

Exposez-en, avec quelques détails, les principales dispositions.

Renseignements. — La première Constitution qu'ait eue la France fut votée par l'Assemblée constituante le 3 septembre 1791, et jurée par Louis XVI le 14 septembre de la même année.

La Constitution actuelle date du 24 février 1875, mais elle a déjà été modifiée sur quelques points secondaires. Elle consacre une fois de plus le principe de la séparation des pouvoirs publics de l'État qui a été appliqué dans les différentes Constitutions qui ont régi la France depuis 1871.

Le pouvoir législatif est exercé par deux Chambres : le Sénat et la Chambre des députés ; les sénateurs sont nommés par des électeurs désignés dans la Constitution ; les députés sont nommés par le suffrage universel.

Le chef du pouvoir exécutif prend le nom de Président de de la République ; il est élu à la majorité absolue des suffrages par le Sénat et la Chambre des députés réunis en congrès. Le Président de la République est nommé pour sept ans ; il est rééligible.

Les ministres sont, sous l'autorité du Président de la République, les chefs de l'administration dans les différentes branches de services publics ; ils sont nommés par le Président de la République et délibèrent en conseil sous sa présidence ; ils sont responsables.

3. — En 1889, nous avons fêté le 5 mai ; en 1892, le 22 septembre ; tous les ans, nous fêtons le 14 juillet ; justifiez le choix de ces dates comme jours de fête nationale.

Renseignements. — Le 5 mai 1789, les Etats Généraux se réunirent à Versailles. — Le 22 septembre 1792, la République fut proclamée. — Le 14 juillet 1789, la Bastille fut prise et, le 14 juillet 1790, eut lieu la fête de la Fédération.

MORALE

MOIS DE NOVEMBRE

Programme. — *L'enfant dans la famille. — Devoirs des frères et des sœurs. — S'aimer les uns les autres ; protection des plus âgés à l'égard des plus jeunes : action de l'exemple.*

DÉVELOPPEMENT DU PROGRAMME

Le premier devoir des frères et des sœurs, c'est de s'aimer réciproquement ; ils ont bien des raisons de s'aimer : le même sang ne coule-t-il pas dans leurs veines ? le plus souvent le même lait les a nourris ; ils ont reçu des mêmes personnes les soins indispensables à leur conservation ; ils s'assoient tous les jours à la même table, au même foyer ; ils reçoivent les mêmes conseils, la même éducation ; ils partagent les mêmes joies et les mêmes peines ; tout cela doit leur donner une communauté de vues qui doit les rendre chers l'un à l'autre.

Ils doivent s'aimer encore pour faire plaisir à leurs

parents ; la désunion des frères fait le désespoir des parents.

Enfin, si des frères ne supportent pas mutuellement leurs défauts, comment supporteront-ils les défauts des étrangers ?

Les frères aînés doivent protéger les plus jeunes toutes les fois que ceux-ci ont à vaincre une difficulté ; l'affection qu'ils doivent avoir pour leurs frères leur commande de les surveiller et de les protéger ; bien souvent les occupations de la mère l'empêchent de se consacrer autant qu'il le faudrait aux soins des tout petits ; la sœur aînée, le frère aîné, doivent s'acquitter avec amour de la tâche de gardien qu'on leur confie.

Le père et la mère viennent-ils à manquer, le frère aîné, la sœur aînée n'ont pas à hésiter : leur devoir est de les remplacer.

Des exemples de dévouement fraternel ne sont pas rares dans notre pays ; ils sont du reste tout naturels.

Les aînés doivent encore le bon exemple à leurs frères plus jeunes ; en effet, ceux-ci sont portés à imiter leurs aînés. On doit donc ne rien dire, ne rien faire qui puisse les porter à mal se conduire. La responsabilité morale que l'on encourt en tenant un langage incorrect ou en faisant une action blâmable devant ses frères est très grande, car l'action de l'exemple est salutaire ou nuisible selon que l'action elle-même est bonne ou mauvaise.

Les frères plus jeunes doivent obéir à leurs aînés ; ils doivent les considérer comme les représentants de leurs parents quand ceux-ci sont absents.

Les frères doivent être prévenants pour leurs sœurs qui, généralement, sont moins fortes qu'eux physiquement ; celles-ci doivent être bonnes pour leurs frères.

SUJET DE RÉDACTION DONNÉ AUX EXAMENS DU CERTIFICAT
D'ÉTUDES PRIMAIRES

**Une jeune fille de votre village, âgée de quinze ans, vient
de perdre son père et sa mère ; elle a un frère de dix ans et
une sœur de huit ans ; bien qu'elle n'ait d'autres ressources
que le fruit de sa modeste journée de couturière, elle n'hé-
site pas à se substituer à ses parents pour les soins à donner à son frère et à sa sœur.**

Vous racontez ce fait à une de vos amies.

DÉVELOPPEMENT

Ma chère Amie,

Tu connais Jeanne D..., qui obtint, il y a deux ans,
son certificat d'études primaires ; il vient de lui arriver
un bien grand malheur : son père et sa mère lui ont été
enlevés dans l'espace de quinze jours par une fièvre
typhoïde qui a fait pas mal de victimes dans notre village ; durant la maladie de ses parents elle a été admirable de courage et de dévouement ; elle les a soignés,
avec le concours de quelques bons voisins, aussi bien
qu'une garde malade exercée l'eût pu faire ; mais tous
ses soins ont été impuissants à les sauver.

Ce qu'il y a de plus triste dans la situation qui est
faite à la pauvre Jeanne, c'est qu'elle a un frère de dix
ans, une sœur de huit ans et que tous les trois n'ont ni
la moindre ressource, ni des parents qui puissent leur
venir en aide. On conseillait à Jeanne de placer son
frère, comme domestique, dans une ferme des environs
où on l'aurait accepté avec plaisir ; mais elle ne l'a pas
voulu : Je veux, a-t-elle dit, que mon frère reçoive l'instruction primaire qui lui est nécessaire ; j'ai fini mon apprentissage, je gagne peu, mais ce peu nous suffira ; je me
lèverai de bonne heure, je me coucherai tard s'il le faut,
mais je suis l'aînée, je suis le chef de la famille aujour-
d'hui, je veux en remplir les obligations. Et elle tient

parole : son frère continue à aller à l'école ainsi que sa sœur ; elle a pris au sérieux son rôle de maman et elle le remplit avec soin et exactitude ; elle a renoncé aux distractions de son âge pour ne penser qu'à son travail et à son ménage. Tout le monde ici admire sa conduite ; je fais comme tout le monde, et j'ai pensé t'associer à notre sentiment commun en te racontant l'acte de dévouement fraternel de cette pauvre Jeanne que tu as connue à l'école et dont tu avais déjà apprécié l'excellent caractère.

Ton amie qui t'embrasse bien fort,

A. C.

Autres rédactions données dans les examens.

1. — Faites connaître les motifs pour lesquels les frères doivent s'aimer les uns les autres.

2. — Quels sont les devoirs des frères plus âgés à l'égard des plus jeunes et quels sont également les devoirs des plus jeunes à l'égard des plus âgés ?

3. — L'un de vos amis vient de vous annoncer la naissance d'un petit frère. Vous lui répondez pour le féliciter de cet heureux événement ; vous profitez de la circonstance pour lui énumérer les divers devoirs que nous avons à remplir envers nos frères et nos sœurs plus jeunes que nous : affection, soins, bons exemples.

———————

INSTRUCTION CIVIQUE

MOIS DE NOVEMBRE

Programme. — *Le citoyen.* — *Ses devoirs ; ses droits.* — *L'instruction primaire obligatoire.*

DÉVELOPPEMENT DU PROGRAMME

On appelle *citoyen* tout membre *actif* d'une société libre, c'est-à-dire celui qui participe au pouvoir souverain par son suffrage. Avant la Révolution, il n'y avait en France que des sujets ; il n'y avait pas de citoyens.

Pendant la période gallo-romaine et même après l'invasion des Barbares, il y eut des esclaves ; pendant la féodalité, l'état d'esclavage fut transformé en état de servage ; la Révolution abolit le servage et fit l'homme libre, le citoyen.

On est *Français* parce qu'on naît Français ou parce qu'on le devient.

On naît Français si l'on est né en *France* de parents *français*, ou à l'*étranger* de parents *français*, ou encore si l'on est né en *France* de parents *inconnus*.

On devient *Français* par *annexion* ou par *naturalisation*.

Les habitants d'un pays annexé à la France deviennent Français.

Est *naturalisé*, le fils d'étranger né en France qui, dans l'année qui suit sa majorité, réclame la qualité de Français, ou bien celui qui obtient des pouvoirs publics un acte en vertu duquel il est admis à jouir des droits et privilèges assurés aux Français.

La qualité de citoyen impose des *obligations*. Nous

avons à *obéir* aux lois du pays et nous devons *participer à ses charges*.

Par conséquent, nous devons nous *instruire* afin de mieux connaître nos devoirs; nous devons le *service militaire* et l'*impôt*.

En retour, l'Etat nous assure la *liberté individuelle*, la *liberté de conscience*, la *liberté de nos opinions*, la *libre possession de nos biens* et l'*exercice du droit de suffrage*.

On entend par *instruction obligatoire* l'obligation de faire donner aux enfants une instruction élémentaire au moins, de l'âge de six ans à l'âge de treize.

Comme dans notre pays la nation est souveraine, les citoyens doivent avoir au moins une instruction élémentaire qui leur permette d'exercer leurs droits en hommes éclairés et libres; c'est pourquoi on a considéré qu'il est de l'intérêt de tous de rendre l'instruction obligatoire.

SUJET DE RÉDACTION DONNÉ AUX EXAMENS DU CERTIFICAT D'ÉTUDES PRIMAIRES

Qu'était-ce qu'un esclave? Qu'était-ce qu'un serf? Qu'est-ce qu'un citoyen? A quelles époques de notre histoire se rapporte chacun de ces termes? Quelle est la plus mauvaise de ces conditions? Quelle est la meilleure? Dites-en quelques mots.

DÉVELOPPEMENT

L'esclave était sous la puissance absolue du maître; il y avait des esclaves en Grèce, à Rome; il y en eut dans la Gaule romaine; l'esclavage persista même, avec des rigueurs de moins en moins cruelles il est vrai, après l'invasion des Barbares, et le concile de Toulouse (1119) parle encore des ménagements que les maîtres doivent aux esclaves. Il est à remarquer que les *Etablissements* de saint Louis sont muets sur le sort des esclaves, ce qui semble prouver que l'esclavage avait disparu au treizième siècle.

La condition de l'esclave était misérable : il pouvait être vendu comme une bête de somme ; il pouvait être séparé de sa famille ; il était employé aux plus rudes travaux.

Le servage fut la condition transitoire de l'esclavage à la liberté; ce fut, par excellence, l'institution du Moyen-Age.

Le serf fut surtout attaché au sol, à la glèbe, comme on disait; il cultivait la terre pour son seigneur qui lui faisait faire toutes les corvées ou travaux qu'il lui plaisait d'imposer.

Cependant la condition de serf était moins malheureuse que celle de l'esclave, car le serf restait au moins attaché à la terre et à la famille. Ce fut seulement dans la glorieuse nuit du 4 août 1789 que le servage fut aboli en France.

Le citoyen est un membre actif d'une société libre; en France il n'y a vraiment de citoyens que depuis la Révolution ; c'est elle qui a reconnu les Droits de l'homme et qui a fait l'homme libre et le peuple souverain.

L'état le plus heureux est évidemment celui de citoyen, puisqu'en cet état l'homme jouit de la plénitude de ses droits : droit à toutes les libertés compatibles avec celles de la société, droit à participer au pouvoir suprême de la nation, etc.

Autres rédactions données dans les examens.

1. — Faites connaître les principales obligations du citoyen.

2. — Quels sont les motifs pour lesquels l'Etat exige que tous les enfants reçoivent au moins l'instruction primaire de six à treize ans ?

3. — Pourquoi oblige-t-on les parents à faire instruire leurs enfants ? Tort que se fait l'élève qui n'est ni exact ni assidu. Conséquences pour l'avenir.

Renseignements. — L'État, en rendant l'instruction primaire obligatoire, n'a eu en vue que les intérêts généraux de la nation ; mais chacun a intérêt à être instruit, car l'ignorance met l'homme en état d'infériorité par rapport aux autres hommes, et l'homme instruit est certainement plus apte que l'ignorant à lutter pour l'existence.

4. — Une de vos parentes refuse d'envoyer ses enfants à l'école. Elle dit que l'instruction n'est pas nécessaire aux enfants d'ouvriers, surtout aux filles. Vous lui faites comprendre en termes respectueux combien elle est dans l'erreur.

MORALE

MOIS DE DÉCEMBRE

Programme. — *L'enfant dans la famille.* — *Devoirs envers les serviteurs : les traiter avec patience, avec bonté.*

Devoirs envers les animaux. — Loi Grammont. — Société protectrice des animaux.

DÉVELOPPEMENT DU PROGRAMME

Les *serviteurs* sont des gens qui ont loué leurs services ; nous avons le droit d'exiger d'eux qu'ils remplissent fidèlement la tâche pour laquelle ils reçoivent leur salaire, mais nous ne devons pas oublier qu'ils sont libres comme nous et que leurs droits devant la loi sont égaux aux nôtres ; nous devons donc leur parler avec *politesse* ; de plus, comme ils peuvent être ou moins instruits ou moins intelligents que les maîtres, ceux-ci doivent les traiter avec *patience*, avec *bonté*.

Les enfants surtout manqueraient à leur devoir s'ils n'étaient pas polis envers les serviteurs qui sont plus âgés qu'eux et qui sont les domestiques de leurs parents plutôt que les leurs.

Les *animaux* sentent et souffrent comme nous; nous devons nous abstenir de les faire souffrir inutilement et de les excéder de fatigue.

On doit leur donner la nourriture suffisante et les soins nécessaires ; on le doit en retour des services qu'ils nous rendent, et il est de notre intérêt de les nourrir convenablement et de les soigner, si nous voulons tirer d'eux de bons services ; notre devoir et notre intérêt sont donc d'accord en cela.

Les enfants doivent s'abstenir de taquiner les animaux et de les faire souffrir, car ils s'habitueraient peu à peu à la cruauté et ils insensibiliseraient leur cœur. On a mauvaise opinion d'un enfant qui fait souffrir les animaux ; on craint, avec raison, qu'il ne devienne un mauvais cœur.

En outre, les animaux se vengent quelquefois et terriblement, et personne ne plaint ceux qui sont victimes de la vengeance d'un animal qu'ils ont maltraité.

Le 2 juillet 1850, le marquis *de Grammont* fit voter par l'Assemblée législative la loi suivante, qui porte son nom : « Seront punis d'une amende de 5 à 15 fr. et « peuvent l'être d'un à cinq jours de prison ceux qui « auront exercé publiquement et abusivement de mau- « vais traitements envers les animaux domestiques. La « peine de la prison sera toujours applicable en cas de « récidive. »

Les sociétés protectrices des animaux sont des sociétés qui se sont établies par suite de l'initiative privée de certaines personnes qui désirent empêcher, autant que possible, que l'on fasse souffrir les animaux.

Dans un certain nombre d'écoles, il s'est formé des sociétés protectrices des animaux ; leur but est de protéger les animaux utiles et d'apprendre à les distinguer des animaux nuisibles à l'agriculture. En général, les sociétaires s'interdisent de dénicher les petits oiseaux et ils dénoncent au bureau de la société ceux de leurs camarades qui en dénichent.

SUJET DE RÉDACTION DONNÉ AUX EXAMENS DU CERTIFICAT D'ÉTUDES PRIMAIRES

Qu'appelle-t-on animaux domestiques? Quels services nous rendent-ils? Quels sont nos devoirs à leur égard?

DÉVELOPPEMENT

Les animaux domestiques sont ceux qui vivent auprès de l'homme, qui partagent ses travaux, servent à sa nourriture ou à son agrément. Ainsi le cheval, le bœuf, l'âne, sont des animaux domestiques ; les oiseaux de basse-cour sont aussi des animaux domestiques, ainsi que le chien et le chat.

Le bœuf et la vache sont d'une grande ressource pour l'agriculteur ; le bœuf effectue les labours et les transports les plus pénibles ; il en est de même de la vache qui, en outre, nous donne son lait ; quand ces animaux ne peuvent plus rendre des services par leur travail, leur chair nous sert de nourriture, leur peau est tannée et transformée en un cuir solide dont on fait les semelles de nos chaussures ; le cheval, l'âne transportent les fardeaux ; la chèvre, la brebis nous donnent du lait ; la brebis nous donne en outre sa toison ; le porc nous donne sa chair qui a la propriété de se conserver assez facilement soit dans le sel, soit dans la graisse ; la poule nous donne ses œufs ; l'oie, sa plume ; en outre, leur chair, ainsi que celle du canard, est délicate ; le chien garde nos troupeaux et nos maisons : c'est le compagnon et l'ami fidèle de l'homme ; le chat chasse les souris qui dévasteraient notre linge et nos greniers.

Chaque animal domestique rend à l'homme des services dont il lui serait difficile de se passer ; il serait bien ingrat s'il n'accordait pas à ces pauvres serviteurs une nourriture suffisante, s'il ne les logeait pas convenablement et s'il ne les tenait pas proprement.

Sous l'influence des bons traitements, leur naturel s'assouplit et leurs instincts disparaissent presque ; mais les mauvais traitements les rendent méchants.

On ne gagne rien à leur demander un travail au-dessus de leurs forces : ils s'usent plus vite et tombent en si mauvais état qu'on ne peut s'en défaire. En général, le laboureur dont les récoltes sont prospères a une étable bien garnie et bien entretenue.

Autres rédactions données dans les examens.

1. — Quelles sont les qualités qui caractérisent le bon domestique ? Comment doit-on traiter les domestiques ?

> *Renseignements.* — Le bon domestique doit être fidèle, c'est-à-dire qu'il doit tenir les intérêts de son maître dans toutes les occasions ; il doit être discret, c'est-à-dire ne rien dire de ce qui se passe chez lui ; enfin il doit être consciencieux, c'est-à-dire qu'il doit faire son travail convenablement et comme s'il était toujours surveillé.

2. — Quels sont nos devoirs envers les animaux ?

3. — Exposez les motifs pour lesquels nous ne devons pas maltraiter les animaux domestiques.

4. — Un enfant de votre âge vient, tout joyeux, vous annoncer qu'il a découvert un nid de pinson. Il se propose d'aller prendre la couvée lorsque les œufs seront éclos. Vous l'amenez à changer de résolution et vous lui dites pourquoi, au lieu de prendre ces oiseaux, il doit les protéger. Rapportez votre entretien.

Renseignements. — La plupart des oiseaux se nourrissent d'insectes ; or, les insectes sont de grands ravageurs des récoltes ; les détruire, c'est rendre service à l'agriculture ; les oiseaux sont donc, en général, les auxiliaires de l'agriculteur.

INSTRUCTION CIVIQUE

MOIS DE DÉCEMBRE

Programme. — *Le service militaire.* — *Discipline ; dévouement, fidélité au drapeau.*

DÉVELOPPEMENT DU PROGRAMME

Le *service militaire* est le fait de servir son pays en qualité de militaire pendant le temps fixé par la loi. *(Voir le programme du mois de mai.)*

En France, le service militaire est *universel* et *obligatoire,* ce qui signifie qu'il est dû par tous et qu'on ne peut se faire remplacer.

Tous les Français sont égaux en droits ; leurs obligations doivent donc être égales ; on a proclamé l'égalité devant l'impôt ; on ne comprendrait pas qu'il y eût des exceptions devant le plus rigoureux : l'impôt du sang.

Historique. — Chez les peuples anciens et dans les premiers siècles de l'histoire moderne, les armées étaient purement temporaires et se dispersaient le plus souvent après une campagne ; les soldats retournaient à leurs travaux.

Au XIIe siècle, Philippe-Auguste tenta d'avoir une armée permanente et les communes lui envoyèrent des *milices.*

Sous Charles VII, la royauté remplaça les contingents indisciplinés, fournis par les seigneurs, par des compagnies d'*ordonnance,* troupes régulières et permanentes.

Quand venait une guerre, le roi délivrait à des capitaines des commissions pour lever des compagnies; on racolait des soldats souvent par des moyens peu honnêtes et en les alléchant par des promesses qu'on ne tenait pas. On racolait non seulement en France, mais aussi dans les pays étrangers, notamment en Suisse. La compagnie était la propriété du capitaine, qui pouvait la vendre.

Louvois, le grand réformateur de l'armée royale, ne put détruire la propriété et la vénalité des charges militaires; il ne put pas non plus substituer au racolement un mode plus régulier de recrutement; il le tenta pourtant en enjoignant (en 1688) aux intendants de lever dans les paroisses, parmi les gens non mariés de vingt à quarante ans, un ou plusieurs miliciens qui furent d'abord *élus* par les habitants et, plus tard, *désignés par le sort*.

Malgré les réformes de Louvois, il n'en est pas moins vrai qu'à de très rares exceptions près les grades d'officiers furent, jusqu'à la Révolution, réservés aux nobles et que les troupes permanentes comptaient pas mal de régiments étrangers; ainsi, même en 1792, outre les Suisses de la maison du roi, il y avait au service de France onze régiments d'infanterie suisses; on avait recruté même jusqu'au-delà du Rhin; ces troupes ne pouvaient représenter les idées de la France, aussi marchèrent-elles contre la Nation lorsque celle-ci fut obligée de se séparer de la royauté qui ne voulait pas accepter les réformes demandées.

En 1790, le 28 février, la *Constituante* déclara « tous les soldats habiles à obtenir tous les emplois et grades militaires »; elle introduisit ainsi dans l'armée le principe de l'*égalité*.

Sous la *Législative*, l'armée se recruta par les enrôlements volontaires; sous la *Convention*, par des réquisitions. Le *Directoire* vota la loi de 1798 (19 fructidor an VI) qui organisa la conscription et posa le principe de l'*obligation* du service militaire.

Louis XVIII inscrivit dans la Charte de 1811 ces mots : « La conscription est abolie; » il enrôla des régiments suisses; il supprima les régiments pour les remplacer par des légions départementales qui devaient se recruter au moyen d'engagements volontaires.

Les engagements volontaires restant insuffisants pour le recrutement de l'armée, qui cependant avait été réduite à 240,000 hommes, le maréchal Gouvion Saint-Cyr fit voter la loi du 10 mars 1818 qui rétablissait partiellement, et l'on peut dire timidement, la conscription.

La loi du 21 mars 1832, proposée par le maréchal Soult, établit la conscription comme mode principal de recrutement; elle admit le principe du remplacement; c'est ainsi que le conscrit qui avait tiré un mauvais numéro pouvait se faire remplacer; ce principe a été aboli par la loi du 27 juillet 1872 qui a posé le principe du service universel et obligatoire.

Enfin, la loi du 15 juillet 1889 a étendu l'application du service obligatoire et a également étendu la durée de ce service.

En vertu de l'article 37 de cette loi, « Tout Français reconnu propre au service militaire fait partie successivement :

De l'armée active, pendant trois ans;

De la réserve de l'armée active, pendant sept ans;

De l'armée territoriale, pendant six ans;

De la réserve de l'armée territoriale, pendant neuf ans. »

La *discipline*, c'est l'observation des règles établies; c'est l'obéissance aux ordres des chefs.

Les militaires doivent obéir passivement, c'est-à-dire sans discuter; la moindre infraction aux règlements est punie avec sévérité.

Il faut qu'il en soit ainsi, car l'efficacité d'une action dépend de l'unité des efforts; il faut que les chefs soient obéis immédiatement et qu'ils obéissent de même à leurs supérieurs.

Le *dévouement* est l'action d'exposer sa vie à un grand danger ou à une mort certaine par humanité, par patriotisme, ou pour la défense d'une idée.

Dans les annales militaires, les traits de dévouement allant jusqu'à l'héroïsme ne manquent pas; tout le monde connaît le trait héroïque du chevalier d'Assas et du sergent Pascal que Chevert envoya à une mort certaine; pendant la guerre de 1870, que de traits héroïques se sont produits! que de héros sont morts dont le nom n'est pas connu du public! Le courage militaire est de tradition dans l'armée française, et si, dans un temps relativement éloigné, on peut citer les Chevert et les Pascal, nous sommes fiers de pouvoir citer le nom du sergent Bobillot.

Et les militaires n'ont pas le monopole du dévouement patriotique : François Debergue qui, en 1870, fut fusillé par les Prussiens parce qu'il coupait, aussitôt qu'il le pouvait, les fils télégraphiques qui reliaient leur poste de Bougival à Versailles, était un jardinier. Macherez était un tailleur réfugié à Metz : il franchit les lignes prussiennes et revint à Metz.

Le *drapeau national* est l'image de la Patrie ; voilà pourquoi il doit être partout honoré, protégé, défendu avec dévouement, comme nous honorerions, nous protégerions et nous défendrions l'image de notre mère.

Le drapeau français est formé de trois couleurs : le bleu, qui tient à la hampe, le blanc et le rouge.

Les couleurs parisiennes (celles d'Etienne Marcel) étaient le bleu et le rouge ; la première cocarde décrétée par la municipalité de Paris (13 juillet 1789) était bleue et rouge ; le blanc y fut ajouté sur la proposition de Lafayette, après la visite du roi Louis XVI à l'Hôtel-de-Ville (17 juillet).

SUJET DE RÉDACTION DONNÉ AUX EXAMENS DU CERTIFICAT D'ÉTUDES PRIMAIRES

Dites pourquoi le service militaire est nécessaire. Quelle doit être la conduite d'un soldat.

DÉVELOPPEMENT

La question de paix ou de guerre ne dépend pas uniquement de nous, Français ; elle dépend aussi des autres nations et surtout des événements ; il faut donc que nous soyons constamment en état de nous défendre si nous sommes attaqués ; non seulement c'est notre devoir d'être prêts, mais c'est aussi notre intérêt ; car, en défendant notre pays, nous défendons nos libertés, nos lois, nos biens, nos foyers, nos familles.

Or, on n'est pas apte à défendre son pays du jour au lendemain ; il faut un apprentissage au métier de soldat ; cet apprentissage se fait au régiment ; voilà pourquoi chaque année on lève de nouvelles recrues.

Le devoir de défendre son pays n'incombe pas seulement à quelques-uns ; il est le même pour tous : voilà pourquoi le service militaire est universel. Il est dû par tous les Français âgés de vingt ans, à l'exception de ceux qui ont été condamnés à quelque peine infamante.

Jamais peut-être l'armée n'a été aussi honorée que de nos jours, parce que jamais elle n'a représenté aussi bien la nation entière, et aussi peut-être parce que jamais on n'a compris aussi bien son rôle et sa responsabilité.

Cette responsabilité fait à chaque soldat des devoirs qu'il doit toujours avoir présents à l'esprit ; il doit non seulement être brave devant l'ennemi, sacrifier sa vie s'il le faut, mais il doit encore observer la discipline militaire et supporter sans murmurer la fatigue, la faim, la soif. Sa vie est une vie de fatigues, d'abnégation, de sacrifices.

A la condition de remplir les devoirs du soldat, on peut être fier d'appartenir à l'armée française et l'on est digne des hommages qu'on lui rend.

Autres rédactions données dans les examens.

1. — Un enfant explique à un de ses camarades ce que c'est que le service militaire, comment il est organisé en France et les qualités nécessaires à un bon soldat.

2. — Votre frère aîné a tiré au sort cette année ; vous l'avez accompagné au chef-lieu de canton le jour du tirage. Racontez votre journée.

3. — Dire pourquoi le service militaire est nécessaire. Pourquoi faut-il des soldats ? Quelle doit être la conduite d'un bon soldat ? Prenez dans l'histoire nationale des exemples de bons soldats.

4. — Pourquoi tous les citoyens valides doivent-ils être soldats ? Durée du service militaire. Dites quelques

mots de l'organisation de l'armée active et de l'armée territoriale.

5. — D'où viennent les trois couleurs dont le drapeau français est formé ?

6. — Ce que c'est que le drapeau... Ce qu'il représente. Couleurs et origines de notre drapeau. Les Français doivent-ils en être fiers ? Prenez dans l'histoire nationale des exemples de bons soldats.

MORALE

MOIS DE JANVIER

Programme. — *L'enfant dans l'école.* — *Assiduité, docilité, travail.* — *Convenance.* — *Devoirs envers l'instituteur.* — *Devoirs envers les camarades.*

DÉVELOPPEMENT DU PROGRAMME

Nous avons le devoir de nous instruire ; en effet, l'instruction élève l'homme et le met à même de comprendre des choses qui lui resteraient tout à fait inconnues.

Elle le met aussi à même de mieux remplir ses devoirs de citoyen ; et, dans un pays libre comme la France, où le peuple est souverain, il importe à tous que ce souverain soit éclairé, afin que ses votes soient raisonnés et réfléchis.

Il est de notre intérêt aussi d'être instruits, car nous pouvons d'autant mieux diriger nos affaires que nous avons plus d'instruction, parce que nous pouvons nous

tenir au courant des inventions et des progrès des arts
et des sciences.

L'instruction n'est pas la seule chose que l'on vient
chercher à l'école; on y vient encore pour y faire son
éducation, c'est-à-dire pour prendre de bonnes habitudes, qu'on devra conserver dans la société; car l'école,
c'est la société restreinte sans doute, mais qui a ses exi-
gences elle aussi, et il est bien rare qu'un écolier qui
remplit tous ses devoirs à l'école ne soit pas plus tard
un bon citoyen.

Pour profiter des bienfaits de l'école, il faut que l'enfant soit *assidu, docile, laborieux, convenable.*

Etre *assidu* à l'école, c'est ne pas la manquer sans de
graves raisons et y arriver à l'heure exacte et non après
l'heure indiquée.

Etre *docile,* c'est se laisser facilement conduire; la
docilité est une marque de confiance en son maître;
c'est le premier devoir de l'écolier.

Etre *laborieux,* c'est travailler autant qu'on le peut;
le travail personnel de l'élève est indispensable pour
qu'il fasse des progrès.

Etre *convenable,* c'est être bienséant, et cette bien-
séance doit se remarquer dans l'attitude, dans les paroles, dans la tenue matérielle.

Il va de soi que si on n'assiste pas à toutes les leçons
il y a dans l'instruction que l'on reçoit des lacunes qu'il
est difficile de combler; à plus forte raison on ne saurait faire de progrès si on ne va pas à l'école d'une façon
régulière, si on reste des semaines et des mois sans y
aller.

Nous devons être dociles, car le maître sait ce qu'il
faut faire pour nous instruire et nous ne le savons
pas; il sait où il doit nous conduire; c'est le moins que
nous puissions faire de lui donner toute notre confiance.

Si nous ne travaillons pas, comme nous n'aurons fait
aucun effort pour retenir les leçons que nous aurons

entendues, celles-ci fuiront avec rapidité de notre esprit et il ne nous en restera presque rien.

Enfin nous devons des égards à notre maître et à nos
camarades ; nous serons *respectueux* envers notre maître et *polis* à l'égard de tous ; la meilleure preuve de
notre respect, c'est la *propreté* sur notre personne et
sur nos habits, la *politesse* dans notre attitude et dans
notre langage.

Le maître, à l'école, représente le père de famille ;
c'est lui qui donne à ses élèves la nourriture intellectuelle, comme le père leur donne la nourriture corporelle ;
les enfants lui doivent une grande *reconnaissance*, car
les services qu'il leur rend ne peuvent être payés avec
de l'argent ; ils lui doivent également l'*obéissance*, car il
représente l'autorité paternelle ; ils lui doivent de plus
le *respect.*

Les camarades sont comme des frères, dans cette
famille agrandie qu'on appelle l'école ; c'est là que se
contractent les premières amitiés en dehors de la
famille ; elles sont généralement les plus durables, les
plus persistantes. Les camarades doivent être *bons* les
uns pour les autres ; les plus grands ne doivent profiter
de la supériorité de leurs forces physiques que pour
protéger les plus faibles ; ils ne doivent profiter de leur
supériorité intellectuelle que pour donner le *bon exemple*
et de *bons conseils.* Il est agréable à tous ceux qui s'intéressent à une école de voir les plus favorisés de la fortune venir en aide aux pauvres, à ceux qui souffrent.

Un bon camarade n'en laisse pas punir un autre à sa
place, pas plus qu'il ne dénonce le coupable, à moins
que l'honneur de l'école ne lui en fasse un devoir.

SUJET DE RÉDACTION DONNÉ AUX EXAMENS DU CERTIFICAT
D'ÉTUDES PRIMAIRES

Faites le portrait de deux écoliers d'une intelligence égale, mais dont l'un arrive ordinairement en retard à l'école tandis que l'autre montre beaucoup de régularité. Conséquences qui résultent de ces habitudes différentes.

DÉVELOPPEMENT

Emile et Paul sont deux de mes camarades ; ils ont l'un et l'autre douze ans ; ils sont voisins, et ils sont allés à l'école en même temps ; jusqu'à l'âge de dix ans ils ont été l'un et l'autre très assidus, très appliqués, et ils étaient cités tous les deux comme des écoliers modèles ; ils se disputaient les premières places.

Emile a continué à être assidu et laborieux, aussi vient-il de passer avec succès l'examen du certificat d'études, et personne certes n'a été surpris de son succès.

Quant à Paul, sa mère devint veuve il y a deux ans et, à partir de ce moment, on remarqua une certaine mollesse dans son travail ; il ne tarda pas à faire l'école buissonnière ; ses absences devinrent même assez fréquentes ; naturellement, quand il revenait à l'école il n'était pas au courant de ce qu'on y avait fait la veille ; il suivait mal les leçons du jour, faisait mal ses devoirs et, à la fin du mois, Emile avait de bien meilleures notes. A la fin de l'année, il était classé parmi les derniers de son cours.

Pendant l'année qui vient de s'écouler, la distance qui le séparait d'Emile s'est accrue dans de bien plus grandes proportions encore : il n'a rien appris et, de plus, sa conduite est devenue mauvaise, car son caractère s'est aigri sous l'influence des punitions qu'il a encourues par son irrégularité. A la fin de l'année il était bien loin de pouvoir se présenter aux examens ; il est bien dommage que, par sa faute, ce pauvre Paul soit tombé ainsi des premiers rangs dans les derniers.

Autres rédactions données dans les examens.

1. — Il est recommandé à l'enfant d'être assidu à l'école, de s'y montrer docile, laborieux, convenable. Justifiez la nécessité de chacun de ces devoirs.

2. — Il faut être bon camarade. — Qualités de cœur du bon camarade. Donner un exemple de bonne camaraderie.

3. — Devoirs de l'écolier : assiduité et application. Devoirs envers l'instituteur : respect, obéissance, reconnaissance. Relations avec l'instituteur après qu'on a quitté l'école.

4. — Un de vos camarades, ou une de vos compagnes, plus jeune que vous, a contracté l'habitude de la délation ; il (ou elle) s'empresse de dénoncer au maître (ou à la maîtresse) tout ce qu'il (ou qu'elle) a vu ou entendu. Aussi ses camarades (ou ses compagnes) ne l'aiment pas. Dans une lettre que vous lui écrivez, vous lui faites connaître les inconvénients de son défaut et vous l'engagez à se corriger.

5. — Enumérez et expliquez les devoirs de l'enfant envers ses maîtres et envers ses camarades.

6. — L'école, a-t-on dit, est l'image de la Société. Montrez-le et dites quels services peuvent se rendre les écoliers.

7. — Dites ce que c'est qu'un égoïste. Quelle est sa conduite habituelle, en classe, en récréation, dans la famille. Quelles sont les conséquences de cette conduite aujourd'hui, et que lui arrivera-t-il quand il sera grand ?

———

INSTRUCTION CIVIQUE

MOIS DE JANVIER

Programme. — *L'impôt.* — *Le vote.* — *La Commune, le Maire, le Conseil municipal; administration communale.*

DÉVELOPPEMENT DU PROGRAMME

L'IMPOT

L'impôt, c'est la part contributive de chaque citoyen dans les dépenses d'intérêt public.

Il est juste que chacun paie un impôt proportionné à ses revenus, car, en retour, l'Etat assure à chacun, par l'organisation de ses différents services, *la liberté individuelle, les libertés publiques, l'intégrité du territoire;* en outre, il travaille, par l'entretien des ports français, des rivières, des canaux, des routes, des chemins de fer, etc., à accroître la fortune publique, comme il travaille aussi à accroître le bien-être de tous.

Aucun impôt n'est établi qu'avec le concours du Parlement; il est donc *librement consenti* par la nation; c'est une raison de plus pour ne pas se soustraire à l'obligation de payer l'impôt.

Celui qui ne paie pas un impôt qu'il doit commet un vol envers l'Etat, c'est-à-dire envers ses concitoyens, car en définitive l'Etat c'est nous.

Il y a deux sortes d'impôts : *l'impôt direct* et *l'impôt indirect.*

L'impôt direct est celui qui frappe nominalement chaque contribuable; cet impôt est payé chez les percepteurs et chez les receveurs municipaux qui détiennent les rôles ou états de ces impôts.

L'impôt indirect est celui qui frappe, par voie de tarif, les objets de consommation, marchandises, etc., comme l'impôt sur les alcools, les boissons, le sucre, les allumettes, etc.

Historique. — Sous le régime féodal, le serf payait au seigneur, sous différents noms, des impôts très lourds et très nombreux.

Aux XIV⁰ et XV⁰ siècles, les rois ne se contentèrent plus seulement des revenus féodaux de leurs domaines ; ils levèrent des impôts sur toute l'étendue de leur royaume, d'abord avec le consentement des *seigneurs*, puis avec le consentement des Etats-Généraux, puis sans le consentement de personne.

Sous Charles VII, l'impôt foncier (l'impôt sur les biens-fonds, sur la terre) devint *permanent* sous le nom de *taille perpétuelle :* il fallait bien un revenu assuré, annuel, pour solder les armées permanentes.

Sous ses successeurs, la puissance royale s'étant fortifiée, les impôts furent multipliés et accrus dans des proportions considérables.

Sous l'ancien régime on trouve un impôt foncier (la taille sur les terres) et une foule d'impôts indirects.

Certains impôts étaient perçus directement ; d'autres étaient affermés, d'autres étaient mis en régie.

Ils étaient arbitrairement fixés, arbitrairement prélevés, et la plupart des revenus restaient entre les mains de ceux qui les percevaient.

La *Déclaration des Droits de l'homme* posa le principe de l'égalité de l'impôt ; la loi du 1ᵉʳ décembre 1790, qui établit la contribution foncière, fut un premier pas vers l'application de ce principe.

Mais il eût fallu, pour arriver à l'égalité cherchée, établir le cadastre, c'est-à-dire l'état de la contenance de terre appartenant à chaque propriétaire et l'évaluation du revenu du bienfonds. La Constituante avait entrevu la possibilité d'un tel travail ; la Convention en décréta le principe. Le Consulat procéda à une évaluation moyenne des cultures ; enfin, un ministre de l'Empire,

Gaudin, fit commencer le cadastre en 1807, et en 1812 environ 10,000 communes avaient vu leur territoire arpenté. Le cadastre est aujourd'hui la base de l'application de l'impôt foncier.

La Constituante, par la loi de mars 1791, supprima les droits que les maîtrises et les jurandes rapportaient au roi ; c'était la conséquence de la suppression de ces deux institutions.

Le premier Consul créa (21 novembre 1799) l'administration des contributions directes.

Par chaque groupe de communes il établit un percepteur ; il y eut un receveur particulier dans chaque chef-lieu d'arrondissement et un payeur général dans chaque chef-lieu de département.

Il y eut aussi, dans chaque chef-lieu de département, un directeur et un inspecteur, et, sous leurs ordres, des contrôleurs pour préparer et dresser les rôles, c'est-à-dire les listes des contribuables avec le montant des contributions dues par chacun. C'est l'organisation actuelle de l'administration des finances.

La Révolution ne conserva aucun des gros impôts indirects si impopulaires sous l'ancien régime ; mais des besoins nouveaux et l'extension donnée aux services publics ont nécessité le rétablissement d'une foule d'impôts indirects qui sont perçus par l'administration des contributions indirectes et par celle de l'enregistrement, des douanes, etc.

Mais, si les impôts indirects sont aussi nombreux aujourd'hui qu'autrefois et s'ils rapportent davantage au Trésor, nous n'avons pas à nous en plaindre, car les dépenses auxquelles les recettes sont affectées sont toutes d'intérêt général et sont consenties au nom de la Nation par ses représentants librement élus.

Le *vote électoral*, c'est l'acte de choisir *ses délégués* aux fonctions publiques.

Pour pouvoir voter, il faut être inscrit sur une liste électorale.

Une liste électorale est un état sur lequel sont inscrits les noms et prénoms, l'âge, la profession et le domicile de ceux qui peuvent prendre part aux élections. Il y a une liste électorale par commune ; les listes électorales sont permanentes ; elles sont révisées chaque année pour y ajouter ceux qui ont acquis le droit d'y être inscrits et en retrancher ceux qui sont décédés ou qui ont perdu le droit d'y figurer. Les listes sont closes le 31 mars de chaque année.

Les personnes inscrites sur les listes électorales sont *des électeurs;* les personnes qui réunissent les conditions requises pour occuper une fonction élective sont dites *éligibles.*

Sont électeurs, à moins de condamnation à une peine infamante, tous les citoyens français âgés de vingt et un ans révolus avant le 31 mars de l'année où les listes sont dressées, à la condition d'être inscrits sur ces listes.

Les principales fonctions électives sont celles de député, de conseillers généraux, de conseillers d'arrondissement et de conseillers municipaux.

Les fonctions de sénateur sont aussi des fonctions électives, mais les sénateurs sont nommés par un collège électoral spécial. Les fonctions de maire sont aussi électives, mais les maires sont nommés par les conseillers municipaux.

On vote encore pour nommer les juges des tribunaux de commerce, mais il n'y a que les commerçants réunissant certaines conditions qui puissent voter; les électeurs qui figurent sur les listes électorales servant à nommer les juges aux tribunaux de commerce se nomment électeurs consulaires.

Le vote est *secret :* le bulletin de vote est remis *plié* au membre du bureau électoral chargé de le recevoir.

Il doit être *libre* et la loi édicte des peines sévères contre ceux qui essaient d'exercer une pression quelconque sur les électeurs; il doit être libre encore dans ce sens que chacun ne doit écouter que la voix de sa conscience et ne céder à aucun sentiment de crainte ou d'intérêt privé.

Il doit être *désintéressé,* c'est-à-dire que l'électeur doit donner la préférence aux motifs d'intérêt général et ne pas écouter les motifs d'intérêt privé; ni la jalousie, ni la haine, ni la vengeance ne doivent inspirer nos votes.

Il doit être *éclairé* ; par suite, tout électeur a le devoir de s'instruire.

Historique. — Les élections aux Etats-Généraux de 1789 furent faites par *ordres :* les *ecclésiastiques* nommèrent leurs députés, les *gentilshommes* nommèrent les leurs, et les *roturiers* élurent les députés du Tiers-Etat. Toutefois, les députés du Tiers-Etat furent nommés par le suffrage à deux degrés : pour être membre des *assemblées primaires* il fallait être âgé de vingt-cinq ans, être domicilié dans la commune, être inscrit au rôle des impositions ; les pauvres en étaient donc exclus. Les assemblées primaires nommaient un délégué par cent maisons ; les délégués se réunissaient au chef-lieu de bailliage ou de sénéchaussée, où ils formaient l'assemblée des électeurs ; ils y rédigeaient les *cahiers* et élisaient leurs députés aux Etats-Généraux.

L'Assemblée constituante, par la loi du 22 décembre 1789, exigea qu'on payât une contribution de dix journées de travail pour être électeur ; de plus, il fallait être âgé de vingt-cinq ans ; l'élection à deux degrés fut maintenue.

La Législative maintint le suffrage à deux degrés, mais elle supprima toute condition de *cens* et abaissa la condition d'âge à vingt et un ans.

La Convention, par la Constitution de 1793, maintint le suffrage *universel* et établit le suffrage *direct*. Cette Constitution ne fut jamais appliquée. En vertu de la Constitution de l'an III, on revint au suffrage à deux degrés ; on rétablit la condition de cens et on en éleva le chiffre jusqu'à cent cinquante et deux cents journées de travail.

La Constitution de l'an VIII mit également des conditions rigoureuses au droit de suffrage.

Sous le Consulat à vie et sous le premier Empire, de nouvelles restrictions et des complications dans le système électoral rendirent presque illusoires les droits des électeurs.

Sous la Restauration, les collèges électoraux élurent directement les membres de la Chambre des députés ; mais, pour être électeur, il fallait payer une contribution directe de 300 fr. au moins et être âgé de trente ans.

La Monarchie de Juillet abaissa de 300 à 200 fr. le cens, et de trente à vingt-cinq l'âge électoral.

Le Gouvernement provisoire de février 1848 décréta le suffrage universel.

L'Assemblée législative, issue du suffrage universel, voulut diminuer le nombre des électeurs en exigeant de chacun qu'il fût domicilié dans la commune depuis trois ans (loi du 31 mai 1850).

Louis-Napoléon exploita cette restriction au droit de suffrage contre l'Assemblée et, son coup d'Etat accompli, il fit afficher sur les murs de Paris ces simples mots : « Le suffrage universel est rétabli. »

Et, depuis, aucun gouvernement n'a osé toucher au suffrage universel.

Une commune, c'est la plus petite division administrative de la France.

Le Maire est le premier magistrat de la commune; il l'administre et la représente dans toutes les occasions.

Il représente également le Gouvernement dans sa commune. Il fait afficher les lois, les décrets, les arrêtés de l'administration supérieure; il prend des arrêtés, dresse des procès-verbaux, requiert la force publique, etc. Il est enfin officier de l'état civil.

Le Maire, ainsi que son ou ses adjoints, sont nommés par le conseil municipal.

Le conseil municipal est une assemblée élue par les électeurs de la commune pour s'occuper de leurs intérêts généraux.

Les principales attributions du conseil municipal sont la nomination du Maire et de ses adjoints et le vote du budget communal. C'est lui qui décide s'il y a lieu ou non de faire des dépenses communales et qui vote les ressources; c'est lui qui vérifie la comptabilité communale. Les décisions du conseil municipal sont consignées sur un registre appelé le registre des délibérations; elles sont soumises à l'approbation du Préfet.

Historique. — A l'époque gallo-romaine, les cités jouissaient d'une très grande autonomie (1).

L'irruption des barbares ne changea pas tout d'abord le régime municipal dont elles avaient joui sous la domination romaine; mais, par la suite, les communes perdirent peu à peu leurs libertés et, à l'époque où la féodalité est fortement organisée, nous trouvons les villes réduites à l'état de fiefs relevant d'un ou de plusieurs suzerains qui y exercent juridiction. Toutefois, les habitants des villes ne sont pas réduits à l'état de serfs.

Au Moyen-Age, le mouvement communal fait reconquérir aux villes leur autonomie.

Le pouvoir royal ayant grandi d'autant que le pouvoir des seigneurs avait diminué, les communes sont contenues par le pouvoir royal et, plus tard, elles sont dominées par lui. Lorsque le pouvoir du roi est devenu absolu, nous trouvons l'autorité de l'intendant également omnipotente dans les villes et les villages : les élections sont presque supprimées dans les communes et les charges municipales y sont devenues vénales.

Par la loi des 14 et 28 décembre 1789, la Constituante supprima toutes les municipalités, tous les anciens noms et anciens privilèges de personnes ou de corporations; elle donna à la commune une organisation tellement indépendante que la Convention fut obligée de réagir et d'établir (21 mars 1793) dans chaque commune un comité de surveillance qui devint ensuite le comité révolutionnaire.

La Constitution de l'an III supprima les maires; il y eut des *officiers* ou des *agents municipaux ;* elle groupa les communes pour former des municipalités de cantons, car seules les communes de 5,000 âmes et au-dessus conservèrent leur *municipalité.*

La loi du 28 pluviôse an VIII (17 février 1800) supprima les municipalités de cantons et rétablit les anciennes communes; elles furent placées sous la tutelle des Préfets dont le titre et les fonctions furent créés en vertu de la susdite loi de pluviôse an VIII. Les maires et les conseillers étaient nommés par le pouvoir exécutif sur la liste des notabilités communales.

L'organisation autoritaire des municipalités survécut à l'Empire.

La loi du 31 mars 1831 sur l'organisation municipale fut plus libérale, mais elle considérait les maires uniquement comme les agents

(1) Autonomie, liberté de se gouverner par ses propres lois.

du pouvoir exécutif; aussi furent-ils nommés par le roi dans tous les chefs-lieux de département, d'arrondissement, de canton et dans les communes au-dessus de 3,000 âmes; partout ailleurs, par le Préfet.

Cette organisation municipale a duré presque intacte pendant le second Empire.

La loi du 12 août 1876 décida que les maires seraient nommés par le conseil municipal, excepté dans les chefs-lieux de canton, d'arrondissement ou de département, où ils furent nommés par le pouvoir exécutif; mais ils furent toujours pris dans le sein du conseil municipal.

Depuis la loi du 28 mars 1882, tous les maires sont nommés par les conseils municipaux.

La dernière loi municipale date du 5 avril 1884.

SUJET DE RÉDACTION DONNÉ AUX EXAMENS DU CERTIFICAT D'ÉTUDES PRIMAIRES

Qu'était-ce que la commune au Moyen-Age? Qu'est-ce que la commune aujourd'hui? Qu'est-ce que le conseil municipal? Ses attributions.

DÉVELOPPEMENT

Au Moyen-Age, on appelait commune l'association des bourgeois d'une même ville se liguant pour obtenir de leur seigneur des franchises municipales.

Les franchises réclamées étaient ordinairement les suivantes : droit d'élire leurs magistrats, de s'administrer eux-mêmes et d'avoir une milice communale.

L'acte, ordinairement écrit sur parchemin, par lequel le seigneur consentait de gré ou de force à faire les concessions demandées, se nommait *charte d'affranchissement.*

On le voit, la commune au Moyen-Age était une sorte de petite république; elle avait une autonomie très grande.

Aujourd'hui la commune est la plus petite division administrative de la France; elle élit son conseil municipal, et celui-ci le maire ; mais les habitants de n'importe quelle commune doivent obéir aux lois générales du pays ; la commune est administrée par le maire, mais l'administration de celui-ci est guidée et contrôlée par le pouvoir central ou par ses représentants ; de cette façon les libertés communales ne peuvent détruire l'unité nationale.

Le conseil municipal est une assemblée élue pour s'occuper des affaires générales de la commune.

Le conseil municipal nomme le maire et ses adjoints ; il vote le budget communal, les impôts communaux, les emprunts ; il vérifie les comptes administratifs du maire ; il décide s'il y a lieu ou non de faire une dépense, etc...

Autres rédactions données dans les examens.

1. — Qu'est-ce que l'impôt ? Combien de sortes d'impôt ? Justifier la nécessité de l'impôt.
2. — Un de vos voisins s'étant plaint d'être obligé de payer l'impôt, écrivez-lui pour lui faire comprendre qu'il a tort de se plaindre.
3. — L'impôt est-il nécessaire ? A quels besoins répond-il ? Qui l'établit pour le pays ? Quels agents sont chargés de le percevoir ?
4. — Qu'est-ce que le vote ? Quels sont les droits d'un électeur ? Comment se pratique le vote ?
5. — Des élections municipales. Quand ont-elles lieu ? Liste des électeurs. Carte d'électeur. Conditions à remplir pour être électeur, pour être éligible. Qui reçoit le vote ? Où le place-t-on ? Dépouillement. Proclamation des résultats du scrutin. Ballottage. Election du maire ou de l'adjoint ou des adjoints. Principales attributions du conseil municipal.

Renseignements. — Les élections sont dites municipales quand elles ont pour but de nommer le conseil municipal. Elles ont lieu tous les quatre ans, le premier dimanche du mois de mai (loi du 5 avril 1884). La liste des électeurs ou liste électorale est la liste de tous les électeurs de la commune qui y sont inscrits par ordre alphabétique. Elle est révisée chaque année. La carte électorale est un papier de couleur portant le numéro d'ordre de la liste électorale, le nom et la désignation de l'électeur. Elle sert à établir l'identité de l'électeur et facilite les recherches sur la liste électorale. Pour être électeur, il faut être Français, âgé de vingt et un ans et n'avoir pas subi de condamnation infamante. Pour être éligible il faut être âgé de vingt-cinq ans. Le bureau électoral est composé du maire ou d'un de ses adjoints président (en cas d'empêchement du maire ou des adjoints, le bureau est présidé par un des conseillers municipaux choisi dans l'ordre du tableau), des deux plus âgés et des deux plus jeunes des électeurs présents lors de l'ouverture du scrutin. Le président et les assesseurs désignent le secrétaire. Le président du bureau électoral reçoit le bulletin de vote et le dépose dans l'urne. A l'heure indiquée il déclare le scrutin clos et il procède au dépouillement, c'est-à-dire au recensement des votes. Lorsque le dépouillement est terminé, il donne à haute voix le résultat de l'élection ; c'est ce qu'on appelle proclamer le résultat.

6. — Par qui et comment une commune est-elle administrée ? Donnez tous les détails que vous connaissez relativement à l'administration communale.

7. — La commune, le conseil municipal, l'élection de ce conseil, ses attributions, le maire, ses fonctions.

MORALE

MOIS DE FÉVRIER

Programme. — *La Patrie.* — *La France, ses grandeurs et ses malheurs.* — *La Société, ses avantages.* — *Devoirs envers la Patrie et la Société.*

DÉVELOPPEMENT DU PROGRAMME

La *Patrie*, c'est ordinairement le pays où nous sommes nés et où sont nés nos parents; c'est ordinairement le pays que nous habitons.

On distingue généralement les habitants d'un pays par leur *langue.*

Les liens qui nous attachent à la terre natale sont le souvenir de nos parents, de nos grands parents, de nos frères, de nos sœurs, de ceux qui nous ont élevés ou avec qui nous avons été élevés, le souvenir de nos camarades, tous les souvenirs d'enfance doux ou tristes qui persistent même dans notre vieillesse.

Nous aimons la terre natale à cause de tous ces souvenirs et aussi parce que nous sentons que ce que nous savons, et ce que nous sommes, nous le devons à tous ceux qui nous ont entourés dans notre enfance.

Nous sommes redevables à la Patrie de la protection qu'elle nous donne par ses lois, et au besoin par la force publique; nous lui devons notre sécurité pour notre personne, pour nos biens; nous lui devons la langue que nous parlons, la bonne renommée qui s'attache à son nom, et toutes les richesses littéraires, scientifiques, morales ou matérielles que nos ancêtres ont accumulées.

Notre *patrie* à nous, Français, c'est la France; elle a traversé des jours de gloire et de prospérité dont nous sommes fiers; elle a aussi connu les jours de tristesse qui nous la rendent plus chère encore.

On nomme *Société* une réunion d'hommes unis par les lois de la nature, par la communauté des intérêts ou par l'affinité des races.

L'homme ne peut pas vivre autrement qu'en société : si l'enfant en naissant était abandonné, il mourrait bientôt; il ne peut, pendant de longues années, suffire à ses nombreux besoins; il ne peut donc se passer de la société.

La vie en société permet à l'homme de s'adonner à un seul genre de travail et, par suite, de produire davantage avec la même somme d'efforts. Par les échanges il se procure bien des choses qui contribuent à son bien-être et qu'il ne pourrait obtenir s'il était livré à lui-même; en outre, il participe aux richesses intellectuelles et morales que la société accumule.

Le premier devoir de l'homme, c'est *d'aimer* sa patrie et de lui prouver *sa reconnaissance* par sa bonne conduite, par son travail; il doit *la défendre;* de là l'obligation du service militaire; il doit *obéir aux lois de son pays, payer l'impôt* et *remplir consciencieusement ses devoirs d'électeur.* Il doit *donner le bon exemple* à ses concitoyens et il doit *travailler* afin d'apporter son contingent à la richesse de son pays, soit matériellement, soit intellectuellement, soit moralement.

L'écolier, par son application à l'étude, peut et doit se préparer à être un citoyen éclairé et utile; la jeune fille à être une bonne ménagère dont le concours sera précieux dans la maison.

SUJET DE RÉDACTION DONNÉ AUX EXAMENS DU CERTIFICAT
D'ÉTUDES PRIMAIRES

**Quelle est votre patrie? Pourquoi l'aimez-vous? Qu'est-ce
que le patriotisme? Comment fait-on acte de patriotisme?**

DÉVELOPPEMENT

Ma patrie, c'est la terre où je suis né, où vivent mes
parents; c'est le pays dont je parle la langue, dont j'ai
appris l'histoire, dont je partage les sentiments; c'est la
France.

Je l'aime, ma patrie, parce que mes souvenirs d'enfance sont étroitement liés à ma terre natale; parce
que mes affections de famille sont indissolublement
liées au cadre qui les a vues se développer, à la maison
qui a abrité mes premières années, à l'école où je suis
élevé, au village dont je connais tous les habitants, aux
coteaux qui nous environnent; je l'aime à cause de la
douceur de son climat, de la beauté de ses sites, de la
richesse de ses productions, mais je l'aime encore plus
à cause de la signification de droiture, d'honnêteté, de
bravoure qui s'attache au nom de Français que je suis
fier de porter.

Le *patriotisme*, c'est l'amour de la patrie.

Le soldat qui sert fidèlement et loyalement son pays
est un bon patriote; mais l'ouvrier des champs ou de la
ville qui travaille autant qu'il le peut et du mieux
qu'il peut et qui remplit convenablement ses devoirs de
citoyen est aussi un bon patriote. Sont aussi de bons
patriotes : le mécanicien, l'ingénieur qui perfectionnent
l'outillage national; le savant qui enrichit la science de
nouvelles découvertes; le littérateur, le philosophe, le
professeur qui nous améliorent au point de vue moral;
le médecin qui, au mépris des maladies qu'il peut si
facilement contracter, conserve à son pays des bras,
des intelligences et des cœurs.

L'écolier fait déjà œuvre de patriotisme en se pliant
aux règles de l'école, et en suivant les avis de son maître, car il se prépare ainsi à être un bon citoyen.

Autres rédactions données dans les examens.

1. — Décrivez la maison de vos parents avec ce qui
   l'entoure. Quelle est, de toutes les maisons du village, celle que vous préférez ? Pourquoi ? Quels
   souvenirs se rattachent à la maison paternelle ?

2. — Aimez-vous votre pays natal ? Pourquoi ? Le
   quitteriez-vous quand vos études seront terminées ?
   Dites les raisons de votre détermination.

3. — Qu'est-ce qu'un exilé ? Quelles sont les raisons
   de la tristesse et de la souffrance de l'exilé ?

4. — Pourquoi aimez-vous votre patrie ?

5. — Qu'est-ce que l'enfant peut faire pour la patrie ?

6. — Comment les femmes peuvent-elles servir la patrie ? Rappelez comment de grandes patriotes se sont
   rendues célèbres par leur dévouement à la France.

7. — Pourquoi est-il juste et raisonnable de s'aider les
   uns les autres ? Qu'arriverait-il si chacun ne son-
   geait qu'à soi ? Citez un exemple pour un incendie,
   une épidémie, une inondation, etc.

8. — Connaissez-vous une fable qui nous montre que
   nous devons nous entr'aider ?

9. — Quelle est, à votre avis, l'époque la plus malheureuse de notre histoire ? Parlez-en avec quelques
   détails.

10. — Qu'est-ce que le patriotisme ? A l'appui de votre
    définition, développez deux faits tirés de l'histoire de
    France, dont l'un donne l'exemple d'un bon patriote,
    l'autre celui d'un homme qui a montré des senti-
    ments contraires aux sentiments patriotiques.

11. — Vous avez eu l'occasion de voir une carte alle-
    mande où la Bourgogne est représentée comme

ayant appartenu et devant faire retour à l'empire d'Allemagne.

Dites quels souvenirs cette vue a évoqués en vous, quels sentiments, quelles réflexions, quelles résolutions elle vous a inspirés.

INSTRUCTION CIVIQUE

MOIS DE FÉVRIER

Programme. — *Commission scolaire.* — *État civil.* — *Budget.*

DÉVELOPPEMENT DU PROGRAMME

L'article 5 de la loi du 28 mars 1882 relative à l'obligation de l'enseignement primaire institue dans chaque commune une *commission scolaire ;* elle se compose du maire, président ; d'un des délégués du canton, désigné par l'inspecteur d'Académie, et de membres désignés par le conseil municipal, en nombre égal au plus au tiers des membres de ce conseil. L'inspecteur primaire fait partie de droit de toutes les commissions scolaires instituées dans son ressort.

Elle est instituée pour *surveiller* et *encourager* la fréquentation des écoles. Chaque année le maire dresse, d'accord avec la commission scolaire, la liste des enfants de la commune âgés de six à treize ans et elle veille à la fréquentation de ces enfants à une école publique ou privée.

Lorsqu'un enfant s'absente de l'école quatre fois dans le mois, pendant au moins une demi-journée, sans justification admise par la commission scolaire, le père, le tuteur ou la personne responsable est invitée à comparaître devant la commission scolaire, dans la salle des actes de la mairie, pour s'entendre rappeler les obligations imposées par la loi ou pour s'entendre appliquer les peines édictées par elle.

La commission scolaire peut, sur la demande des parents, accorder des dispenses de fréquentation scolaire pour une période qui ne peut dépasser trois mois dans l'année, en dehors des vacances.

Historique. — Sous l'ancien régime, l'enseignement primaire n'était pas une affaire d'Etat : peu importait au roi que le peuple fût instruit ; pourvu qu'il eût des collèges pour l'éducation des fonctionnaires et des écoles militaires pour celle des officiers, il se désintéressait des autres. Si en 1694 Louis XIV décréta l'instruction obligatoire, ce fut uniquement pour imposer aux protestants l'enseignement catholique ; l'enseignement populaire fut laissé aux curés et aux évêques.

Le premier venu pouvait être instituteur ; il lui suffisait de passer un examen devant une personne désignée par l'évêque ; celui-ci donnait l'approbation qu'il pouvait retirer quand bon lui semblait. Muni de cette pièce, il se présentait dans un village quand il y avait une place vacante ; là il chantait, montrait son écriture et ses autres talents, et, s'il était agréé, il signait le traité qui déterminait ses engagements et sa rétribution. La rétribution des maîtres était si mince que ceux-ci étaient réduits, pour vivre, à cumuler leurs fonctions avec celles de sacristain, de chantre à l'église, de sonneur de cloche, voire même de fossoyeur ; ils étaient en général misérablement logés et faisaient la classe dans l'unique pièce où ils mangeaient et dormaient.

On peut se faire une idée de l'enseignement donné par des maîtres dont l'unique souci était de ne pas déplaire au curé dont ils dépendaient et qui n'avaient, du reste, qu'une bien pauvre instruction.

L'instruction des filles était encore plus négligée que celle des garçons, car les évêques ne voulaient pas d'écoles mixtes, et alors qu'on n'avait souvent pas la possibilité d'avoir une école, on ne pouvait, à plus forte raison, en créer deux.

La Révolution, dès son début, se préoccupa d'établir en France un enseignement national ; Talleyrand prépara un rapport adressé à la Constituante ; Condorcet présenta un plan d'organisation à la Législative.

La Convention discuta plusieurs projets : les plus démocratiques furent celui de Romme et celui de Bouquier ; le premier décidait qu'il y aurait une école par commune de quatre cents habitants ; le second établissait l'obligation et la gratuité de l'enseignement primaire ; mais la Convention ne put réaliser ces projets, faute d'argent surtout, et aussi faute de maîtres. D'elle-même elle revint (loi du 3 brumaire an IV — 25 octobre 1795) à des prétentions plus modestes et elle demanda qu'on enseignât à lire, à écrire et à compter ; elle chargea les communes de rétribuer leurs instituteurs ; peu d'écoles furent créées.

Napoléon Ier abandonna la nomination des instituteurs aux maires et aux conseils municipaux ; les communes leur devaient le logement. Tout le budget de l'instruction primaire s'élevait à 4,250 francs que l'Empereur attribua au noviciat des frères des écoles chrétiennes.

Sous la Restauration, l'ordonnance de 1816 établit dans chaque canton un comité de charité ; le curé du canton et le juge de paix en étaient membres de droit ; ce comité avait principalement pour mission de surveiller l'instruction religieuse. Pour être instituteur il fallait d'abord obtenir du curé de chaque paroisse qu'on avait habitée un certificat de bonne conduite ; puis on était examiné par ordre du recteur qui délivrait, s'il y avait lieu, un diplôme. L'instituteur était nommé par le recteur, mais il devait être présenté par le maire et le curé et agréé par le comité de charité.

L'ordonnance de 1824 fit passer la nomination des instituteurs des mains du recteur à celles d'un comité dont l'évêque était le président. On le voit, sous la Restauration le clergé avait la haute main sur les écoles primaires ; le budget de l'enseignement primaire ne s'éleva jamais, sous ce régime, au-dessus de 50,000 fr.

Sous la Monarchie de Juillet, Guizot immortalisa son nom en préparant la loi de 1833 (22 juin) qui organisa vraiment l'enseignement primaire en France.

En vertu de cette loi, toute commune, soit par elle-même, soit en se réunissant à d'autres, fut obligée d'entretenir au moins une école primaire. Cette loi indiqua les ressources au moyen desquelles ces écoles seront créées, entretenues, et les maîtres payés. Le traitement communal minimum fut fixé à 200 fr. ; à ce traitement vient s'ajouter une rétribution scolaire due par chaque élève.

Elle exigea de chaque maître un brevet de capacité ; elle admit une lettre d'obédience pour les instituteurs-adjoints congréganistes.

Les instituteurs étaient présentés par le conseil communal, nommés par le comité d'arrondissement, institués par le ministre.

L'ordonnance de 1835 établit les inspections des écoles primaires.

La loi de M. de Falloux (15 mars 1850) fut moins libérale que celle de 1833 ; l'instituteur est de nouveau placé sous la dépendance du curé ; il est chargé de faire réciter le catéchisme ; il est surveillé par les délégués cantonaux ; il est nommé soit par le conseil municipal, soit par le conseil académique ; il peut être révoqué par le recteur. Cette loi exempta de l'obligation du brevet les instituteurs-adjoints.

Pour être juste, il faut ajouter qu'elle institua l'enseignement des filles dans les communes de huit cents âmes et au-dessus et qu'elle fixa à 600 fr. le minimum du traitement des instituteurs.

La loi du 14 juin 1854 fit passer la nomination des instituteurs aux mains du préfet.

Sous le troisième Empire, M. Duruy fit voter la loi de 1867, qui établit une école communale de filles dans toutes les communes de cinq cents âmes ; elle créa des écoles de hameau, assura un logement et un traitement aux instituteurs-adjoints.

La troisième République a exigé de tous les maîtres le brevet de capacité (loi du 16 juin 1881) ; elle a établi la gratuité de l'enseignement (loi du 16 juin 1881), l'obligation (loi du 28 mars 1882) ; elle a organisé l'enseignement primaire tel qu'il l'est aujourd'hui (loi du 30 octobre 1886) ; elle a fait de l'instituteur un fonctionnaire de l'État (loi du 19 juillet 1889), en lui assurant un traitement d'*État*. Elle a ainsi *réalisé* les projets de la Convention.

L'*état civil* d'une personne, c'est la condition d'une personne en tant qu'elle est enfant naturel ou adoptif de tel père ou de telle mère, légitime ou non, mariée ou non, vivante ou morte, naturellement ou civilement.

Les *actes de l'état civil* ou *registres de l'état civil*

sont des registres destinés à constater les naissances, les adoptions, les reconnaissances d'enfants, les mariages et les décès.

Il y a dans chaque commune des registres renouvelés chaque année, destinés à recevoir les actes de l'état civil; un double de ces actes est déposé au greffe du tribunal civil de chaque arrondissement.

Les *officiers de l'état civil* sont les fonctionnaires chargés de tenir les registres de l'état civil. Le maire est officier de l'état civil de sa commune.

Un *budget* est un état annuel de recettes et de dépenses : chaque commune a son budget; chaque département a le sien; il y a aussi un budget d'Etat. Le budget communal est l'état annuel des recettes et des dépenses de la commune. Ce sont les conseillers municipaux qui votent le budget communal.

Historique. — Ce n'est qu'au XVIe siècle, sous François Ier, que l'on comprit en France l'importance de la tenue de registres sur lesquels on noterait les naissances, les mariages et les décès.

Avant cette époque, l'aristocratie féodale conservait dans ses *chartriers* la trace des actes de l'état civil qui la concernaient.

L'ordonnance de Villers-Cotterets (août 1539) prescrivit aux curés de constater l'époque exacte, pour tous les fidèles qu'ils baptiseraient.

L'ordonnance de Blois en 1579, sous Henri III, généralisa l'institution et enjoignit aux curés de tenir note des naissances, mariages et décès de toutes personnes.

Sous Louis XIV et sous Louis XV deux nouvelles ordonnances (1667 et 1736) posèrent les règles de la tenue des registres de l'état civil. La seconde exigea notamment la tenue en double des registres, l'une des copies devant être déposée au greffe du bailliage.

A partir de la révocation de l'édit de Nantes, les pasteurs protestants ne purent plus tenir les registres de l'état civil pour leurs coreligionnaires.

La loi du 20 septembre 1792 enleva la tenue des registres de l'état civil au clergé et la confia aux municipalités.

SUJET DE RÉDACTION DONNÉ AUX EXAMENS DU CERTIFICAT D'ÉTUDES PRIMAIRES

La loi sur l'instruction obligatoire. Dites-en quelques mots. Quels sont les motifs pour lesquels l'Etat a rendu l'instruction obligatoire ?

DÉVELOPPEMENT

La loi sur l'instruction obligatoire date de l'année 1882 ; elle a été faite dans le but d'obliger les parents à faire donner à leurs enfants au moins l'instruction primaire, car au moyen des enquêtes qui avaient été faites on a pu constater qu'avant l'année 1882 le septième des enfants en France ne fréquentaient aucune école et que plus du tiers de la population française ne savait ni lire ni écrire.

La loi de 1882 oblige les parents à envoyer leurs enfants dans une école publique ou privée, à leur choix, ou à les instruire chez eux.

Elle institue une commission scolaire pour veiller à l'application de la loi. Il y a une commission scolaire dans chaque commune ; le maire en est le président. L'inspecteur primaire fait partie de droit de toutes les commissions scolaires instituées dans son ressort. La commission scolaire a le droit d'appliquer les peines édictées par la loi contre les parents ou tuteurs qui essaient de se soustraire aux obligations qui leur sont faites ; elle peut aussi, dans les limites fixées par la loi, accorder des dispenses de fréquentation.

L'Etat a rendu l'instruction primaire obligatoire parce qu'il est le défenseur des intérêts de tous et le protecteur des faibles.

Il y a un intérêt incontestable à être instruit, car l'instruction met l'individu à même de tirer le meilleur parti possible de ses facultés naturelles. Celui qui n'a aucune instruction est en état d'infériorité à l'égard de ses semblables; l'Etat a le devoir de protéger l'enfant contre la négligence de ses parents et de ne pas permettre que ceux-ci, par leur faute, le privent du premier instrument de travail.

En outre, dans un pays comme la France, pays de souveraineté nationale et de suffrage universel, il y a des garanties non seulement de moralité, mais d'instruction, que la société entière peut exiger de chacun de ses membres.

Autres rédactions données dans les examens.

1. — Qu'est-ce que la commission scolaire? Sa composition, ses attributions.

2. — Qu'est-ce que l'état civil d'une personne ? Qu'entend-on par registres de l'état civil ?

3. — Qu'entend-on par budget communal? Quelles sont les ressources ordinaires d'une commune? Quelles sont ses dépenses ?

Renseignements. — Les ressources ordinaires d'une commune sont : 5 centimes additionnels ordinaires au principal des quatre contributions ordinaires de la commune, la taxe sur les chiens; 10 fr. par chaque permis de chasse délivré dans la commune, une remise sur la taxe des chevaux et voitures, des vélocipèdes, etc.; les produits des biens communaux, s'il en existe. Les dépenses ordinaires sont l'entretien des propriétés communales : hôtel-de-ville, écoles, presbytères ou logement des ministres des cultes; traitement des employés de la mairie, de la police communale, etc.; entretien des chemins communaux, des rues, des places, des puits et fontaines, etc.

MORALE

MOIS DE MARS

Programme. — *Récapitulation des matières traitées dans les mois précédents.*

Devoirs envers soi-même. Le corps : sobriété et tempérance ; dangers de l'ivresse ; gymnastique.

DÉVELOPPEMENT DU PROGRAMME

L'homme a une *âme* et un *corps ;* dans les fonctions qui leur sont communes, l'âme *commande,* le corps *obéit ;* s'il est indispensable que l'âme commande bien, qu'elle soit juste, il faut aussi, pour que le corps obéisse bien, que tous les organes dont il se compose soient en bon état ; nous avons donc à prendre soin du corps ; nous devons être *propres,* nous devons être *sobres* et *tempérants,* nous devons *éviter l'ivresse,* et enfin donner à notre corps plus de souplesse et plus de force qu'il n'en a naturellement, par les exercices réglés que l'on nomme *des exercices de gymnastique.*

Il n'est pas coûteux de se tenir propre : de l'eau et du savon suffisent pour cela ; il faut se laver tous les matins les mains et le visage ; il faut les laver en outre toutes les fois que quelque substance a pu les salir. Mais il ne suffit pas de nous laver les mains et le visage : toutes les parties de notre corps doivent être tenues dans un état constant de propreté ; cette précaution est indispensable pour que les pores de la peau puissent accomplir leurs fonctions et que le sang se débarrasse des matières impures qu'il contient. Il faut aussi laver les vêtements toutes les fois qu'ils sont tachés ; le linge de corps doit être lavé et lessivé pour être débarrassé des matières grasses provenant de la sueur.

Il ne saurait y avoir de *dignité* sans *propreté*; la propreté élève l'homme à ses propres yeux et aux yeux des autres; l'homme, par sa propreté, gagne en dignité et en considération; on lui confie des travaux délicats qu'on ne donnerait pas à tout autre. Les personnes qui ne se tiennent pas propres inspirent de la répugnance.

L'*hygiène* est l'ensemble des règles qu'il nous faut observer pour conserver la santé. Les principales règles de l'hygiène sont la *propreté*, la *sobriété*, la *tempérance*.

La *sobriété* est une vertu qui consiste à donner à notre corps le nécessaire sans aller jusqu'à l'abus dans la nourriture et dans la boisson.

La *tempérance* est une vertu qui règle, qui modère les passions et les désirs, particulièrement les désirs sensuels, comme le boire et le manger.

Le sens des mots sobriété et tempérance se rapproche presque jusqu'à se confondre, mais la sobriété consiste principalement à ne pas trop manger, et la tempérance à ne pas trop boire.

L'excès de nourriture alourdit le corps, et quand le corps est lourd il n'obéit pas suffisamment à l'âme pour éloigner la paresse; en outre, l'excès habituel de nourriture provoque des maladies qui ruinent le corps.

L'excès de la boisson provoque des désordres encore plus graves que l'excès de nourriture et occasionne des maladies excessivement graves, comme la folie ou le *delirium tremens*.

L'ivresse fait perdre la raison et réduit l'homme à un état misérable; en état d'ivresse, l'homme peut être amené à commettre les excès les plus grands; l'homme qui s'enivre se dégrade.

Les *exercices de gymnastique* bien compris ont pour effet d'assouplir toutes les parties de notre corps et de donner aux muscles plus de solidité. En outre, ils donnent de la confiance en soi, en cas de danger ; enfin ils nous préparent au métier de soldat et fortifient notre énergie morale.

SUJET DE RÉDACTION DONNÉ AUX EXAMENS DU CERTIFICAT D'ÉTUDES PRIMAIRES

Parlez des devoirs que nous avons à remplir à l'égard de notre corps.

DÉVELOPPEMENT

L'homme est composé d'une âme et d'un corps; l'âme commande, le corps obéit. Pour que le corps puisse obéir promptement et fidèlement, il faut qu'il soit en bon état ; il faut que l'énergie musculaire puisse répondre à l'énergie morale. Pour cela, nous avons à faciliter les fonctions de la vie; nous avons donc des devoirs à remplir à l'égard de notre corps ; nous devons principalement être propres et tempérants.

Une foule de maladies sont dues à la malpropreté; des lavages journaliers, des bains fréquents enlèvent les dépôts qui se font à la surface du corps par suite de la respiration cutanée ; des nettoyages fréquents de nos habits, de nos habitations ne sont pas moins nécessaires pour éloigner de nous des causes directes de maladies.

Etre intempérant, c'est boire et manger avec excès ; or, ce genre d'excès amène infailliblement la ruine du corps, sans compter que l'excès dans la boisson nous dégrade moralement.

L'observation des règles de l'hygiène et la pratique des exercices physiques, non seulement sont de nature à conserver notre santé, mais encore permettent d'accroître notre force musculaire.

Jamais peut-être on n'a mieux compris en France que de nos jours la valeur des exercices physiques, et c'est une chose dont nous devons nous féliciter.

Autres rédactions données dans les examens.

1. — Définissez la propreté. Dites ce que vous en pensez. La propreté peut-elle contribuer à la santé?
Pourquoi? Faites le portrait d'un enfant propre.

2. — Racontez comment se font les visites de propreté
dans votre école. Montrez leur utilité. Dites ce qui
est arrivé au cours de ces visites à quelques-uns de
vos camarades dont la propreté n'était pas la première vertu. Indiquez comment la leçon leur a servi.

3. — On vous a fait une leçon sur la propreté; dites ce
que vous en avez retenu.

4. — Ce que c'est que la tempérance. Ce que c'est que
l'intempérance.

5. — Qu'est-ce que la sobriété? Est-elle un devoir?
Montrez ses heureux effets, et, par contre, les fâcheu-
ses conséquences qu'entraîne le défaut de sobriété.

6. — Vous connaissez deux ouvriers, l'un sobre, tra-
vailleur et économe, l'autre se livrant à la boisson,
paresseux, dépensier. Vous montrerez, par les conséquences qui en résultent pour eux et leurs familles,
combien la condition du premier est préférable à
celle du second.

7. — Dites ce que vous pensez de l'ivrognerie; montrez
le mal que les ivrognes font à eux-mêmes et à leurs
semblables.

8. — Un de vos oncles vous a écrit qu'il ne comprend
pas quels avantages les enfants peuvent retirer des
exercices de gymnastique; il croit, pour sa part,
qu'il vaudrait mieux consacrer à l'étude du calcul ou
de la langue française le temps affecté à ces exercices. Répondez à sa lettre et dites ce que vous pensez
des exercices de gymnastique.

INSTRUCTION CIVIQUE

MOIS DE MARS

Programme. — *Le canton, l'arrondissement, le département, le Préfet et le Conseil général.*

DÉVELOPPEMENT DU PROGRAMME

Le canton est plutôt une division judiciaire qu'une division administrative de la France ; ce n'est, en effet, qu'un groupement de communes sans administrateur spécial, tandis que chaque canton a son juge de paix.

Chaque canton est représenté au conseil d'arrondissement et au conseil général ; les élections pour ces deux conseils sont en effet cantonales.

Les grandes villes sont divisées en plusieurs cantons, à chacun desquels, en général, on réunit quelques communes rurales.

L'arrondissement est la plus grande division du département ; il est administré par un sous-préfet placé sous l'autorité immédiate du préfet.

Le conseil d'arrondissement est un corps élu à raison d'un conseiller par canton, sans toutefois que le nombre de conseillers puisse être inférieur à neuf, ce qui fait que certains cantons peuvent être représentés par plusieurs conseillers d'arrondissement.

Le conseil d'arrondissement se réunit deux fois par an ; il entend les rapports du sous-préfet sur les divers services publics et il émet des vœux s'il le juge nécessaire ; mais les vœux politiques lui sont interdits. Il a aussi à voter la répartition des impôts entre les diverses communes de l'arrondissement, en suivant des règles générales qui répartissent autant que possible les charges proportionnellement aux ressources.

Il n'y a pas de budget d'arrondissement, comme il y a un budget communal et comme il y a un budget départemental.

Le département est la plus grande division administrative de la France, comme la commune en est la plus petite.

Département, commune, voilà deux unités qui ont leur administration bien définie; chacune a son budget voté chaque année par des représentants issus du suffrage universel; chacune a son administrateur qui représente à la fois les intérêts de l'Etat et ceux des administrés.

Le Préfet est l'administrateur du département, le représentant le plus autorisé du Gouvernement. Il est nommé par le Président de la République, sur la présentation du Ministre de l'Intérieur. Il est l'agent du Gouvernement, et, à ce titre, il est chargé de faire exécuter les lois; il représente le département; c'est lui qui signe les mandats des fonctionnaires du département ainsi que les mandats pour des dépenses départementales; il est le tuteur des communes et approuve ou rejette les délibérations des conseils municipaux; il est le supérieur direct des sous-préfets; il est aidé, pour l'administration de l'arrondissement chef-lieu de préfecture, par un secrétaire général qui le remplace en cas d'absence.

Le conseil général est une assemblée départementale élue par le suffrage universel à raison d'un conseiller général par canton. Le conseil général se réunit deux fois par an à la préfecture; il peut se réunir toutes les fois qu'il est nécessaire sous la présidence d'un président nommé dans son sein et par les membres eux-mêmes du conseil général. Le préfet assiste aux séances du conseil général; c'est lui qui prépare le budget départemental.

Les attributions du conseil général sont des plus étendues ; la plus considérable, c'est de voter le budget départemental ; il classe les routes départementales et les chemins vicinaux ; il répartit les contributions directes entre les arrondissements ; il nomme dans son sein une commission départementale à laquelle il délègue une partie de ses pouvoirs, etc.

Historique. — Avant d'être divisée en *départements*, la France était divisée en *gouvernements* qui correspondaient à peu près aux anciennes *provinces* dont l'origine remontait aux temps de la féodalité.

Les anciennes provinces concordaient à peu près avec les régions physiques du sol ; en outre, elles avaient eu des administrations distinctes, des lois ou plutôt des coutumes spéciales ; aussi elles avaient des caractères particuliers et quelquefois une langue particulière.

Par la loi du 22 décembre 1789, l'Assemblée nationale constituante, dans le but de fondre toutes ces unités dans la grande unité nationale, divisa la France en départements ; pour désigner les nouvelles divisions territoriales, elle prit les noms des cours d'eau, des montagnes, ou bien encore la position géographique. Le résultat de ces divisions fut quelquefois de grouper dans un même département des hommes différents par la race et le langage, comme les Béarnais et les Basques dans les Basses-Pyrénées.

Par la loi précitée du 22 décembre 1789, l'Assemblée nationale constituante divisa le département en *districts, cantons* et *communes.*

La loi du 28 pluviôse an VIII (17 février 1800) divisa le département en arrondissements et organisa l'administration du département, de l'arrondissement et des communes à peu près comme elle l'est aujourd'hui.

L'ancien régime avait eu des agents pour représenter dans les provinces l'autorité du roi ; ainsi François Ier avait créé les Gouverneurs dont les attributions étaient surtout militaires ; plus tard, Richelieu créa les Intendants. L'administration des intendants fut le reflet de l'administration royale : l'autorité des intendants fut omnipotente comme l'autorité du roi était omnipotente.

Il y avait encore, il est vrai, dans quelques provinces des *états provinciaux* et des *assemblées* provinciales; mais partout où elles avaient survécu à la féodalité, ces institutions avaient été asservies et mises hors d'état de faire acte d'indépendance.

On ne saurait comparer en rien le rôle de ces assemblées au rôle défini de nos assemblées communales et départementales, composées de représentants librement élus par le suffrage universel.

SUJET DE RÉDACTION DONNÉ AUX EXAMENS DU CERTIFICAT
D'ÉTUDES PRIMAIRES

Conseil général. — Mode de nomination. — Sessions. — Attributions. — Préparation, vote du budget.

DÉVELOPPEMENT

Le Conseil général est une assemblée départementale élue par le suffrage universel à raison d'un conseiller général par canton.

Les conseillers généraux sont élus pour six ans et se renouvellent par moitié tous les trois ans ; l'élection se fait dans chaque commune d'après les listes électorales dressées pour les élections municipales; le recensement des votes et la proclamation du résultat se font au chef-lieu de chaque canton.

Les conseils généraux ont deux sessions ordinaires dans l'année : la première s'ouvre le second lundi qui suit le jour de Pâques; la seconde, le premier lundi qui suit le 15 août. C'est dans cette seconde session que le conseil général nomme son président et vote le budget.

Le conseil général statue sur un grand nombre d'affaires intéressant le département : acquisition, vente, échange de propriétés départementales, classement des routes et des chemins vicinaux, réparation et entretien des bâtiments départementaux : hôtel de la préfecture, hôtels des sous-préfectures, prisons, casernes, palais de justice, etc. Il est encore appelé à donner son avis sur une foule de questions. Mais le rôle le plus important

du conseil général consiste dans le vote du budget
départemental.

Le budget départemental, c'est l'état des recettes et des
dépenses affectées aux services départementaux. La prin-
cipale ressource de ce budget consiste dans les centimes
additionnels que le conseil général peut augmenter ou
réduire selon les besoins et dans des limites prévues.

Le préfet, assisté des chefs des différents services,
prépare le budget ; le conseil général le discute en réunion publique et, lorsqu'il est voté, il est soumis à l'approbation du Président de la République.

Le préfet fait effectuer les dépenses inscrites au budget ;
il délivre et signe des mandats de paiement et rend
ensuite compte de sa gestion financière au conseil
général.

Autres rédactions données dans les examens.

1. — Le canton est-il une division administrative ?
   Comment est-il représenté au conseil d'arrondissement et au conseil général ?
2. — Montrez les différences essentielles qu'il peut y
   avoir entre la commune et le canton, l'arrondissement et le département, et les rapprochements que
   l'on peut faire entre la commune et le département.

Renseignements. — La commune est une unité administrative, ayant son administrateur spécial, son conseil pour gérer ses
affaires particulières ; le canton n'a ni administrateur spécial,
ni conseil. — Le département, comme la commune, a un administrateur spécial et, comme elle aussi, un conseil. L'arrondissement a un administrateur spécial, mais qui agit sous l'autorité du préfet ; il a aussi son conseil, mais il n'a pas de budget,
tandis qu'il y a un budget départemental et un budget communal. Enfin, les unités qui ont le plus de ressemblance, ce sont
la commune et le département, car chacune a son chef, son
conseil, son budget, sa personne civile, c'est-à-dire que chacune peut posséder, acheter, vendre, hériter, etc.

3. — Parlez du département; par qui est-il administré ?
Faites connaître les divisions administratives de la
France.

4. — Parlez du conseil général : nomination, attributions, réunions du conseil général. Rôle du préfet au
sein du conseil général.

5. — Qu'entend-on par budget départemental ? Par qui
est-il préparé ? Par qui est-il voté ? Lorsque le budget est voté, est-il exécutoire ? Qui peut disposer des
crédits votés au budget départemental ?

MORALE

MOIS D'AVRIL

Programme. — *Les biens extérieurs; économie; éviter les dettes; funestes effets de la passion du
jeu; ne pas trop aimer l'argent et le gain; prodigalité,
avarice. Le travail; ne pas perdre de temps; obligation
du travail pour tous les hommes; noblesse du travail
manuel.*

DÉVELOPPEMENT DU PROGRAMME

L'*économie* est une vertu qui consiste à avoir de
l'ordre dans les dépenses, dans l'administration d'un
bien.

Les défauts contraires à l'économie sont la *prodigalité*
et *l'avarice*.

On doit être économe à tout âge : l'enfant économe
prend soin de ses vêtements, de sa chaussure, de ses

livres, de ses cahiers ; il ne dépense pas inutilement les menues pièces de monnaie qu'on peut lui donner.

Plus tard, quand il sera à la tête d'une maison, il y apportera le même esprit d'économie et la fera prospérer.

Celui qui dépense sans besoin, sans réflexion est un *prodigue ;* le prodigue fait facilement des dettes ; il les paiera facilement, croit-il ; mais, comme il en coûte peu de dépenser quand on en a l'habitude, il ne paie pas et il se met ainsi sous la dépendance d'autrui et il se crée de nouvelles charges, car il faut payer les intérêts des sommes empruntées.

Les *jeux* défendus par la morale, ce sont les jeux de *hasard* et *d'argent*.

L'argent que l'on gagne au jeu se dépense rapidement ; en outre, on a plus de chances de perdre que de gagner ; on devient facilement prodigue quand on est joueur, parce qu'on oublie la valeur de l'argent ; on arrive à contracter facilement des dettes et à se dégrader encore davantage.

En jouant des boutons, des plumes, des billes, les enfants contractent peu à peu l'habitude de jouer ; cette habitude peut dégénérer en *passion ;* il faut donc éviter tout jeu intéressé.

L'avarice est un amour immodéré des richesses, non pour en jouir, mais pour les posséder. L'avarice nous rend insensibles aux maux des autres ; elle donne la tentation de retenir une partie d'un salaire justement gagné ; voilà pourquoi c'est un défaut.

Le travail est obligatoire pour tous : en effet, pendant que nous sommes enfants, il faut travailler pour acquérir les connaissances sans lesquelles nous resterions dans un état d'infériorité par rapport à nos semblables ; quand nous sommes adolescents, nous devons travailler à acquérir les connaissances spéciales qui nous permettront plus tard de gagner honorablement notre vie ; quand nous sommes en possession d'une profession ou d'un métier, nous devons travailler : si nous n'avons pas de fortune, pour gagner de quoi suffire à nos besoins et à ceux de notre famille ; si nous avons de la fortune, pour la conserver et pour l'accroître. Celui qui ne travaille pas, sous prétexte qu'il est riche, contracte bien vite des vices qui le mènent peu à peu à la misère.

De toutes *les prodigalités*, la plus grande est celle du temps : le temps fuit et ne revient plus ; si l'on ne travaille pas pendant qu'on est jeune à acquérir de l'instruction, la jeunesse passe et l'on est pris par d'autres besoins ; on reste ignorant toute sa vie.

L'ouvrier qui laisse passer des journées sans travailler ne gagne pas de quoi se suffire ; le cultivateur qui remet au lendemain un travail important peut perdre sa récolte ; l'homme oisif, a-t-on dit, perd peu à peu de sa valeur.

On doit travailler *consciencieusement* et mettre au service du travail que l'on fait son intelligence et son énergie ; de cette façon on prend goût au travail et on ne le considère plus comme une tâche imposée, mais comme un besoin naturel.

On ne pourrait que discourir en vain si l'on voulait prouver la supériorité du travail intellectuel sur le travail manuel, ou réciproquement : tous les deux sont nécessaires dans une société ; on ne peut, sans que la société entière en souffre, se passer de l'un ou de l'autre, et tous les deux sont nobles, car tous les deux concourent à relever la dignité de l'homme ; tous les deux lui donnent l'indépendance.

Que l'on se trouve en présence d'une œuvre purement *intellectuelle* ou d'une œuvre *d'art*, on sent la puissance de l'être humain et l'on est amené à penser à la puissance du Créateur qui a donné à l'homme une supériorité si marquée sur tous les autres êtres de la création.

SUJET DE RÉDACTION DONNÉ AUX EXAMENS DU CERTIFICAT
D'ÉTUDES PRIMAIRES

Le paresseux ressemble à ces plantes parasites qui prennent la nourriture des autres et ne produisent rien.

DÉVELOPPEMENT

On appelle plantes parasites celles qui naissent sur un végétal d'une espèce autre que la leur et qui vivent de sa sève ; elles ne sont en général d'aucune utilité et empêchent les plantes utiles de se développer.

Le paresseux ressemble à ces plantes : il ne travaille pas, ne produit pas, mais il vit cependant, il consomme ; il prend à la société une partie de la production commune et il diminue ainsi la richesse collective ; c'est un parasite, c'est un homme nuisible.

Et il ne se contente pas toujours de ne rien produire ; par son exemple, par ses conseils il peut entraîner des camarades à l'oisiveté.

En outre, il est bien rare que l'oisiveté soit le seul vice du paresseux ; on a dit avec raison : « L'oisiveté va si lentement que les autres vices l'ont bientôt atteinte, » ou bien encore : « Celui qui ne fait rien n'est pas loin de mal faire. »

On a du mépris pour le paresseux ; il faut avouer qu'on n'a pas tort.

Autres rédactions données dans les examens.

1. — Expliquez ce que vous entendez par économie et avarice ; dites les avantages de l'une et les inconvénients de l'autre.

2. — Comment un écolier peut-il épargner ? Que devient l'argent que vous placez à la caisse d'épargne ? A quoi vous servira-t-il un jour ? Certains animaux ne nous donnent-ils pas l'exemple de l'épargne ?

Renseignements. — L'écolier peut porter ses économies à la caisse d'épargne scolaire qui reçoit des sommes à partir de cinq centimes; de là, ces économies seront versées à la caisse nationale d'épargne postale ou à la caisse d'épargne locale.

L'argent déposé dans les caisses d'épargne est emprunté par l'Etat qui le rembourse quand on le demande et qui en paie l'intérêt.

3. — On dit : « Les petits ruisseaux font les grandes rivières. » Cette expression peut-elle être appliquée aux choses de la vie, par exemple à l'épargne ? Donnez, si vous en connaissez, d'autres applications.

4. — Faites ressortir les inconvénients qu'il y a à faire des dettes.

5. — On vous a donné une pièce de un franc ; vous avez tout d'abord été tenté d'acheter un billet de loterie, mais vous avez réfléchi et vous avez fait un autre usage de votre argent. Racontez vos réflexions et dites l'emploi que vous avez fait de votre argent.

6. — Votre maître vous a défendu de jouer des billes, des plumes ou des boutons ; dites les raisons pour lesquelles il vous a fait cette défense.

7. — Vous avez remarqué qu'un de vos camarades a la mauvaise habitude de jeter son pain. Vous lui écrivez pour lui donner des conseils à cet égard. Appliquez-vous à donner à votre lettre un caractère de bienveillance.

8. — Faites le portrait d'un avare et d'un égoïste. Dites ce que vous pensez de l'avarice et de l'égoïsme.

9. — Faites ressortir la vérité de cette maxime : « De toutes les prodigalités, la plus préjudiciable est celle du temps. »

10. — Donnez les raisons pour lesquelles le travail est une nécessité dans n'importe quelle situation on se trouve.

11. — Utilité du travail pour vous, pour la famille et

pour la société. Citez des insectes qui nous donnent l'exemple du travail.

12. — Expliquez la vérité de cette maxime qui dit : « L'oisiveté est la mère de tous les vices. » Citez quelques exemples pour en donner des preuves.

13. — « L'homme est né pour travailler, dit un proverbe, comme l'oiseau pour voler. » Expliquez ce proverbe, puis montrez que le travail est utile, qu'il est bienfaisant et honorable.

14. — Fénelon a dit : « Je voudrais qu'une jeune fille n'eût jamais besoin des mains d'autrui pour tous les objets qui lui servent à se vêtir. » Développez cette pensée.

15. — Vous allez quitter l'école. Écrivez à un de vos camarades pour lui dire quel est le métier qui vous plaît le mieux et que vous allez choisir. Pourquoi ?

INSTRUCTION CIVIQUE

MOIS D'AVRIL

Programme. — *L'Etat.* — *Le pouvoir législatif, le pouvoir exécutif, le pouvoir judiciaire.*

DÉVELOPPEMENT DU PROGRAMME

Etat est synonyme de *nation.* « L'Etat, c'est moi, » disait Louis XIV, parce que sa volonté, en effet, était au-dessus de tout. Nous pouvons dire : L'Etat, c'est nous, car dans notre gouvernement démocratique, c'est la volonté de la nation qui est souveraine.

L'État comprend trois pouvoirs distincts : le pouvoir *législatif*, le pouvoir *exécutif* et le pouvoir *judiciaire*.

Le pouvoir *législatif* fait les lois, le pouvoir *exécutif* veille à leur application et administre, le pouvoir *judiciaire* punit la violation des lois et règle les différends entre les particuliers.

La séparation des pouvoirs est chose nécessaire au maintien de la liberté : si le pouvoir exécutif faisait les lois, on aurait un gouvernement tyrannique ; si le pouvoir législatif faisait exécuter les lois, c'est lui qui serait tout-puissant. Il faut aussi que le pouvoir judiciaire soit séparé des autres pouvoirs pour que les citoyens aient toute garantie d'impartialité. C'est pour garantir l'impartialité des juges qu'on les a rendus inamovibles.

Le pouvoir exécutif est exercé par le *Président de la République* et les *Ministres* qui constituent le *Gouvernement;* le pouvoir législatif est exercé par les *Chambres* ou *Parlement*, c'est-à-dire par la *Chambre des députés* et le *Sénat ;* le pouvoir judiciaire est exercé par les différentes cours et tribunaux.

Le *Président de la République* est nommé pour sept ans, par les membres de la Chambre des députés et du Sénat réunis en Congrès à Versailles, sous la présidence du président du Sénat.

Le Président nomme les ministres, qu'il choisit d'ordinaire parmi les membres d'une majorité parlementaire qui s'est manifestée dans un vote politique ; il nomme aussi à tous les emplois civils et militaires, sur la présentation d'un ministre ; il préside les réunions des ministres désignées sous le nom de conseils des ministres ; il promulgue les lois votées par les deux Chambres ; il peut dissoudre la Chambre des députés avec l'assentiment du Sénat ; il a le droit de grâce ; il dispose de la force armée, mais il ne peut conclure de traité de paix ni déclarer la guerre sans le consentement du Parlement.

Les Ministres, qui constituent le Gouvernement, sont nommés par le Président de la République; mais, comme ils ne peuvent gouverner sans s'appuyer sur la majorité du Parlement, ce sont les membres des Chambres en définitive qui font orienter la politique des ministres ou du *cabinet*, comme l'on dit.

La *Chambre des députés* est nommée par le suffrage *direct* et *universel*, à raison d'un député au moins par arrondissement, avec augmentation d'un député par chaque cent mille habitants ou fraction de cent mille habitants en sus des cent premiers mille. Le renouvellement intégral de la Chambre des députés a lieu tous les quatre ans. Le vote a lieu dans chaque commune et les résultats sont centralisés au chef-lieu du département, où une commission dite de recensement proclame le résultat. A sa première réunion, la Chambre elle-même procède à la vérification des pouvoirs de ses membres; elle nomme son *bureau*, c'est-à-dire son président, ses vice-présidents, ses secrétaires.

La *Chambre* a surtout pour mission de faire des lois et de donner, par ses votes, au Gouvernement, les indications sur la politique qu'elle entend suivre. Les lois ne sont pas exécutoires parce qu'elles sont votées par la Chambre des députés; il faut encore qu'elles soient votées dans des termes *identiques* par le Sénat et qu'elles soient *promulguées*.

L'initiative des lois appartient aux deux Chambres, mais il est d'usage qu'en matière de finances l'initiative appartienne à la Chambre des députés.

Le *Sénat* est nommé par *le suffrage restreint*. Le collège électoral qui nomme les sénateurs d'un département se réunit au chef-lieu du département; il se compose de membres de droit et de membres élus. Les membres de droit sont : les députés du département, les conseillers généraux, les conseillers d'arrondissement; les membres élus sont : les délégués sénatoriaux nommés par les conseils municipaux des communes du département ; le nombre des délégués de chaque conseil varie avec le nombre des membres de ce conseil.

Le Sénat, comme la Chambre des députés, vote les lois ; l'initiative des propositions de loi appartient aussi bien au Sénat qu'à la Chambre des députés ; en outre, le Sénat peut autoriser le Président de la République à dissoudre la Chambre des députés.

SUJET DE RÉDACTION DONNÉ AUX EXAMENS DU CERTIFICAT D'ÉTUDES PRIMAIRES

Qu'entend-on par pouvoir législatif ? Par qui est exercé le pouvoir législatif en France ? Comment est-il exercé ?

DÉVELOPPEMENT

Le pouvoir législatif est le pouvoir de faire des lois. Ce pouvoir appartient en France à deux Assemblées : la Chambre des députés, issue du suffrage universel, et le Sénat, issu du suffrage restreint.

Chacune des deux Chambres a l'initiative des lois, c'est-à-dire que l'on peut commencer dans l'une comme dans l'autre Chambre l'examen, la discussion et le vote d'une loi ; mais il faut qu'ensuite cette loi soit examinée de nouveau, discutée par l'autre Chambre, et c'est seulement dans le cas où elle est votée dans des termes identiques par les deux Chambres que le texte en est promulgué et qu'il devient la loi du pays. Il suffit de la moindre différence dans le texte, de la plus petite modification, pour que la discussion en soit renvoyée devant l'autre Chambre, de telle sorte qu'on a vu des projets de loi aller plusieurs fois de l'une à l'autre assemblée avant d'avoir été votés dans un texte conforme par les deux.

Autres rédactions données dans les examens.

1. — L'Etat : définition. Quels sont les pouvoirs distincts de l'Etat ? Est-il nécessaire que ces pouvoirs soient distincts ? Pourquoi ? Prenez un exemple.

2. — La Chambre des députés : nomination des députés. Le Sénat : nomination du Sénat. Comment on fait la loi.

3. — Par qui est exercé le pouvoir exécutif en France ? Président de la République. Ministres : leurs attributions.

4. — Le Président de la République doit venir visiter votre département. Expliquez à votre petit frère ce qu'il est, par qui il est nommé, pour combien de temps, quel est son pouvoir.

   Vous lui direz pourquoi on prépare des fêtes en son honneur, quels fonctionnaires et quels personnages iront le recevoir.

5. — Pourquoi ne doit-on pas se révolter contre la loi ? A-t-on un moyen légal de faire réformer une loi ?

Renseignements. — Chaque citoyen a le droit de faire des propositions de loi ou de proposer la modification des lois qui lui paraissent mal faites ; il adresse sa pétition à la Chambre des députés qui nomme une commission permanente pour examiner les pétitions ; il faut que la proposition qui émane de l'initiative individuelle obtienne un vote favorable du Parlement, comme toutes les autres propositions, avant de devenir la loi.

MORALE

MOIS DE MAI

Programme. — *L'âme.* — *Dignité person-
nelle.* — *Véracité et sincérité.* — *Ne jamais mentir.* —
Respect de soi-même. — *Modestie : ne pas s'aveugler
sur ses défauts.* — *Éviter l'orgueil, la vanité, la coquetterie, la frivolité.* — *Avoir honte de l'ignorance et de la
paresse.* — *Courage dans le péril et dans le malheur ;
patience; esprit d'initiative.* — *Dangers de la colère.*

DÉVELOPPEMENT DU PROGRAMME

Le mot *âme* signifie qui « *anime* » ; l'âme est le principe de vie qui anime le corps.

L'âme se manifeste par ses *facultés*. Ces facultés sont :
la *sensibilité*, c'est-à-dire la faculté d'éprouver du plaisir ou de la douleur ; l'*intelligence*, c'est-à-dire la faculté de connaître la vérité; la *volonté*, c'est-à-dire la
faculté de nous décider librement pour le bien ou pour
le mal.

Nous avons des devoirs à remplir envers l'âme ; nous
devons *être modérés* dans nos plaisirs, recevoir nos
peines avec *résignation ;* nous devons rechercher la
vérité; enfin nous devons avoir *le courage* d'accomplir
nos devoirs.

La *dignité humaine*, c'est l'élévation dans les sentiments et dans les manières, dans toute la personne, au
moral et au physique.

C'est la *dignité* qui fait la supériorité de l'homme sur
les animaux; c'est elle aussi qui fait *sa responsabilité*.

L'homme a le devoir d'éviter tout ce qui peut amoindrir sa dignité, comme le mensonge, la paresse, l'orgueil, l'ignorance, la lâcheté, la colère, l'ivrognerie, etc.

Ceux à qui nous parlons ont droit *à la vérité ;* nous les tromperions en mentant ; nous ne devons pas tromper.

L'enfant qui *ment* pour cacher une faute fait un mauvais calcul ; il l'aggrave au lieu de l'atténuer ; il inspire du mépris à ses camarades et à ses maîtres. *La franchise,* au contraire, prévient en faveur de celui qui ne ment pas.

La sincérité consiste à ne pas dire ce qu'on ne pense pas. On a dit avec raison qu'on n'a pas besoin de dire tout ce qu'on pense ; il y a plusieurs motifs qui doivent nous rendre réservés sous ce rapport : d'abord, nous pouvons nous tromper, ensuite il y a les convenances à observer, mais on n'est pas excusable de dire ce qu'on ne pense pas, car c'est tromper.

La *modestie* consiste dans une sage retenue quand il s'agit de soi ; celui qui est modeste ne parle pas de lui et craint toujours de se juger trop favorablement.

Si on s'aveugle sur ses défauts, on n'est pas dans de bonnes dispositions d'esprit pour s'en corriger.

L'*orgueil* est le contraire de la modestie ; c'est un défaut qui consiste à avoir de soi une opinion trop favorable.

L'orgueil nous rend injustes à l'égard des autres, puisqu'il exagère nos qualités à nos propres yeux.

La *vanité* est l'amour-propre qui a pour objet des choses frivoles ou étrangères à la personne qui s'en prévaut ; c'est être vaniteux que de faire étalage de sa fortune, de ses biens, etc.

La *coquetterie* est un goût exagéré de la toilette.

La *frivolité* est une disposition à s'occuper de choses inutiles.

La vanité est la marque d'un petit esprit et nous fait

mal juger ; elle peut nous faire commettre des sottises ; la coquetterie occupe notre esprit de choses qui ne peuvent nous être d'aucune utilité et nous pousse à des dépenses exagérées ; la frivolité fait perdre notre temps pour des choses inutiles, lorsque nous aurions à mieux l'employer.

L'homme a pour devoir de rechercher la *vérité*, puisque l'une des facultés de l'âme est l'*intelligence* ; il manque donc à son devoir en restant *ignorant* ; il se prive ainsi par sa faute d'un des moyens de se perfectionner.

La paresse est un défaut qui consiste à négliger de faire ce que l'on doit. La paresse prive l'homme de beaucoup d'avantages : elle l'empêche d'augmenter son instruction et son avoir ; elle le prive du bien-être moral et matériel.

Le courage est un sentiment qui nous donne la mesure de nos forces en face du danger et nous le fait surmonter, ou nous le fait voir de sang-froid s'il est au-dessus de nos moyens de l'éviter.

Il est bon d'avoir du courage dans le danger, afin de tâcher de l'éviter, et aussi dans le malheur, afin de réagir au lieu de se laisser abattre.

La patience est une vertu qui nous fait supporter les adversités, les douleurs avec résignation ; c'est une des formes du courage ; le calme, la patience sont un signe de la force d'âme.

L'initiative, c'est la faculté de commencer, c'est la liberté de choisir ; avoir l'esprit d'initiative, c'est avoir la qualité de choisir, de décider, soit quand il s'agit de se tirer d'une difficulté, soit de diriger sa vie.

L'esprit d'initiative est un don précieux qui donne à celui qui le possède un très grand avantage sur ceux qui ne l'ont pas.

La colère est un mouvement vif et subit de l'âme qui se manifeste par une vive irritation.

La colère fait perdre à l'homme sa raison ; on peut, quand on est en colère, commettre les actes les plus insensés. On a donc le devoir d'éviter la colère, car on n'a pas le droit de se priver, par sa faute, de la raison qui nous a été donnée pour nous guider, pour nous éclairer.

SUJET DE RÉDACTION DONNÉ AUX EXAMENS DU CERTIFICAT D'ÉTUDES PRIMAIRES

Pourquoi l'homme est-il responsable de ses actes ? Dans quels cas la responsabilité disparaît-elle ? L'ivresse ne supprime-t-elle pas la responsabilité ? Qui a le droit de nous demander compte de nos actes ? Que devons-nous faire pour n'avoir jamais rien à nous reprocher ?

DÉVELOPPEMENT

L'homme est responsable de ses actes parce qu'il est libre, c'est-à-dire parce qu'il peut choisir entre le bien et le mal ; la raison lui a été donnée pour distinguer le bien du mal ; il sait ce qui est bien et ce qui est mal. L'animal, lui, n'a pas la liberté ; le lion, qui a été fait pour se nourrir de chair, ne croit pas mal faire lorsqu'il enlève un mouton pour le dévorer ; nous n'avons pas à savoir gré au bœuf, au cheval, de se nourrir d'herbes ; ils ont une constitution qui réclame ce genre de nourriture ; l'animal n'est pas responsable.

Le pauvre fou n'est pas responsable non plus, puisqu'il a perdu la raison et qu'il n'obéit plus qu'à des instincts ; si on le met hors d'état de nuire, c'est simplement pour préserver la société des actes inconscients qu'il pourrait commettre.

L'homme ivre est responsable des actes qu'il commet même en état d'ivresse, car il sait que s'enivrer est mal et il connaît les conséquences de l'ivresse ; l'homme qui, sous l'aiguillon de la colère, commet un acte de violence, est responsable, parce qu'il a le devoir de ne pas se mettre en colère.

La société a le droit de se défendre contre ceux de ses membres qui peuvent lui nuire ; elle peut donc demander justice contre ceux qui entravent la liberté d'autrui ; elle le fait par la voie de la justice qu'elle a constituée pour sa défense.

Ecoutons la voix de notre conscience, suivons les conseils de la raison si nous voulons ne rien avoir à nous reprocher.

Autres rédactions données dans les examens.

1. — Vous avez entendu dire de quelqu'un : « Cet homme manque de dignité. » Que signifie cette expression ? Qu'est-ce que la dignité humaine ?

> *Renseignements.* — Définition de la dignité humaine. — L'homme conserve sa dignité en remplissant ses devoirs, en ne commettant pas de fautes, en cultivant son intelligence, en tenant son corps en état de propreté, en ne se livrant pas sans retenue aux plaisirs, en se préservant des vices.

2. — Faites le portrait d'un enfant menteur. Dites comment il se comporte à l'égard de ses camarades, de ses maîtres, de ses parents. Pourquoi le mensonge est-il haïssable ? Quel est le contraire du mensonge ?

3. — Une élève de votre classe a commis une faute grave et une de ses voisines a été punie par la maîtresse qui l'a crue coupable. Comme la vraie coupable, que vous connaissez, n'a pas avoué sa faute, vous lui écrivez pour lui dire ce que vous trouvez de blâmable dans sa conduite, et pour l'engager à réparer ses torts.

4. — Imaginez une circonstance où l'un de vos condisciples a menti à son maître. Comme vous êtes son ami, vous croyez lui être utile en lui écrivant pour lui dire ce que vous pensez des inconvénients du mensonge et de ce qu'il a de honteux. Vous l'engagez à

être sincère, en raison des avantages moraux qu'il y
a à dire toujours la vérité.

5. — Dans la fable : « La cigale et la fourmi, » vous
substituerez à ces deux petits animaux deux personnages humains : une fermière et une ancienne dame
ruinée par son luxe et sa toilette, et vous les ferez
parler dans le même sens que La Fontaine a fait
parler les deux petites bestioles.

6. — Rester ignorant par sa faute, c'est manquer à ses
devoirs envers soi-même, envers sa famille, envers
la société. Prouvez que cette affirmation est vraie et
exposez vos raisons avec quelques détails.

7. — Qu'est-ce que le courage militaire et le courage
civil? Différence. Lequel est le plus facile, et
pourquoi? Citez des exemples de l'un et de l'autre
pris dans l'histoire de France.

INSTRUCTION CIVIQUE

MOIS DE MAI

Programme. — *La justice civile ou pénale.* —
La force publique. — *L'armée.*

DÉVELOPPEMENT DU PROGRAMME

(Pour l'armée, voir le programme du mois de décembre.)

Les différents tribunaux jugent au *civil* et au *criminel*;
ils jugent au civil lorsqu'il s'agit de différends qui
n'intéressent que les particuliers; ils jugent au criminel lorsqu'il s'agit de faits qui intéressent la société.
Deux voisins ne sont pas d'accord au sujet de la limite

de leurs champs ; ils vont devant le juge de paix qui cherche à les mettre d'accord ou prononce un jugement dans le cas où il ne peut les concilier. Dans ce cas, le juge de paix juge au civil.

Si la valeur du litige dépasse 100 fr. on peut s'adresser directement au tribunal de première instance ; si la valeur dépasse 1,500 fr. on peut faire appel devant la cour d'appel. Dans ces cas, le tribunal et la cour d'appel jugent au *civil*.

Lorsque les gendarmes, le commissaire de police ou un agent de police relèvent une contravention à un arrêté municipal ou de simple police, le délinquant est traduit devant le juge de paix qui juge alors au *criminel*. Lorsque le délit est d'une nature plus grave, le délinquant est traduit devant le tribunal de première instance ou tribunal correctionnel qui juge, dans ce cas, au *criminel*.

Enfin, lorsqu'il y a crime, le prévenu est traduit devant la cour d'assises.

Il y a une *justice de paix* dans chaque chef-lieu de canton ; le juge de paix est assisté d'un greffier ; le commissaire de police, ou un magistrat désigné à cet effet (maire, adjoint), joue le rôle de ministère public auprès de la justice de paix, c'est-à-dire requiert l'application de la loi.

Il y a un *tribunal de première instance* dans chaque chef-lieu d'arrondissement ; il se compose d'un président et de deux juges au moins. Auprès de chaque tribunal il y a un *parquet*, c'est-à-dire un procureur de la République et le plus souvent un ou plusieurs substituts. En outre, il y a un greffier et des commis-greffiers.

Il y a en France *vingt-six cours d'appel* dont chacune comprend dans son ressort plusieurs tribunaux de première instance. Dans chaque cour d'appel il y a un certain nombre de juges qui portent le nom de *conseillers à la cour ;* à la tête de la cour il y a un président qui porte le nom de *premier président;* il y a aussi *des présidents de chambre,* car les conseillers se répartissent le travail et se constituent en *chambre civile, chambre correctionnelle, chambre d'accusation.*

Le parquet de la Cour se compose d'*un procureur général,* d'*avocats généraux* et de *substituts* du procureur général.

Le *greffe* de la Cour se compose d'un *greffier en chef* et de *commis-greffiers.*

Dans chaque département une *Cour d'assises* se réunit au chef-lieu, à intervalles périodiques (d'ordinaire tous les trois mois), pour juger les individus accusés de crimes. La culpabilité ou l'innocence des prévenus est prononcée par le *Jury,* composé de citoyens tirés au sort sur une liste départementale préparée par les juges de paix. Le nombre des jurés est de douze par affaire. L'application de la loi est faite par des juges désignés à cet effet et qui sont au nombre de trois, savoir : un conseiller à la Cour et deux assesseurs, soit conseillers, soit juges du tribunal de première instance.

Pour juger les procès de commerce, il y a *des tribunaux de commerce* dont le président et les juges sont élus par les commerçants.

La justice administrative appartient aux *conseils de préfecture* et au *Conseil d'Etat.*

Au-dessus de tous ces tribunaux se trouve la *Cour de Cassation,* établie à Paris, et qui confirme ou qui casse les jugements rendus par les juridictions précédentes.

Enfin il y a des conseils de guerre pour juger les affaires militaires.

Historique. — A l'époque féodale, les seigneurs avaient sur leurs vilains le droit de *justice.* Ce droit se vendait et se transmettait avec le domaine ; il se partageait comme lui ; ainsi il y avait des seigneurs qui possédaient la moitié ou le quart de la justice d'un village ou d'une ville. Il y avait des degrés dans la justice : il y avait la basse, la moyenne et la haute justice.

A cette même époque, le roi avait sa cour de justice, appelée *cour du roi*, dont la composition variait selon la qualité des personnes à juger.

Philippe-Auguste introduisit, dans sa cour de justice, des *légistes*, gens qui avaient étudié les lois romaines, lesquelles étaient dominées par le principe d'autorité des empereurs romains, et qui apportèrent le même esprit dans l'interprétation des *coutumes*. Saint Louis régularisa les fonctions des légistes et les étendit.

Philippe-le-Bel s'appuie sur sa cour de justice, dominée par l'esprit qui anime les *légistes*, et c'est à coups de procès qu'il brise toutes les grandes puissances du temps.

Saint Louis avait confié les attributions judiciaires à des membres de sa cour qui formèrent le *Parlement*. Le Parlement se réunissait d'abord deux fois par an, puis quatre fois là où se trouvait le roi.

Philippe-le-Bel fixa le siège du Parlement à Paris. Louis XI institua les parlements de Grenoble, de Bordeaux et de Dijon; Louis XII, ceux de Rouen et d'Aix; Henri II, celui de Rennes; Louis XIII, celui de Pau et de Metz; Louis XIV, ceux de Besançon, de Trévoux et de Douai; Louis XVI, celui de Nancy.

Sous l'ancienne monarchie, la justice était en outre rendue au nom du roi par les *prévôts*, les *baillis*, les *sénéchaux*, mais Henri II créa les *présidiaux*, tribunaux formant un degré intermédiaire entre les *prévôtés* ou *sénéchaussées*, les *bailliages* et les *parlements*.

Sous l'ancien régime, les charges de juges étaient vénales et héréditaires; elles étaient inamovibles. La Constituante supprima les parlements, ainsi que les justices administratives, féodales, ecclésiastiques, etc.; elle établit un *juge de paix* au chef-lieu de canton, un *tribunal civil* au chef-lieu de district, un *tribunal criminel* au chef-lieu de département, le *tribunal de cassation* à Paris. Elle établit un *jury de mise en accusation* et un *jury de jugement* pour la justice criminelle. Elle fit élire les juges par les *justiciables* et supprima l'*inamovibilité*.

Napoléon, comme premier consul ou comme empereur, fixa les principes de l'organisation judiciaire tels que nous les avons maintenant.

La *force publique* est la réunion des forces organisées pour maintenir les droits de chacun et assurer l'exécution des lois.

Elle comprend, pour le service de l'ordre à l'intérieur, les *gendarmes*, les *gardes-champêtres*, dont le nom indique les principales fonctions, les *douaniers*, les *officiers de paix*, les *agents de police*, et, à Paris, les *gardes républicains* et les *gardiens de la paix*.

En cas de besoin, l'armée peut être appelée à prêter main-forte aux différents corps de la force publique.

L'*armée* est spécialement destinée à assurer la défense nationale, à faire respecter nos droits, à sauvegarder l'honneur national.

Elle se compose des *armées de terre* et des *armées de mer*.

L'armée de terre comprend quatre armes différentes : l'*infanterie*, la *cavalerie*, l'*artillerie* et le *génie*.

Le soldat peut devenir *caporal*, puis *sergent*, puis *sergent-major*, puis *adjudant*.

Dans la cavalerie, le caporal se nomme *brigadier ;* le sergent, *maréchal des logis ;* le sergent-major, *maréchal des logis chef*.

Les sergents, les sergents-majors et les adjudants sont compris sous la désignation générale de *sous-officiers*.

La hiérarchie des officiers comprend : le *sous-lieutenant*, le *lieutenant* et le *capitaine*. Les officiers supérieurs sont : le *commandant* (*chef d'escadrons* dans la cavalerie et l'artillerie), le *lieutenant-colonel* et le *colonel*. Viennent ensuite les officiers généraux : *général de brigade* et *général de division*.

Dans l'armée de mer, les officiers prennent le nom de : *aspirant, enseigne de vaisseau, lieutenant de vaisseau, capitaine de vaisseau, contre-amiral, vice-amiral*.

SUJET DE RÉDACTION DONNÉ AUX EXAMENS DU CERTIFICAT
D'ÉTUDES PRIMAIRES

Qu'est-ce que la cour d'assises ? Faites-en comprendre le fonctionnement.

DÉVELOPPEMENT

La cour d'assises est un tribunal chargé de juger les actes qualifiés crimes.

Ce tribunal se réunit périodiquement au chef-lieu de chaque département. Il comprend des juges, un jury, un procureur général ou un avocat général ou un substitut, et un greffier.

Les juges sont au nombre de trois, dont l'un est président des assises ; ils sont désignés par le premier président de la cour d'appel du ressort à chaque session ; la mission du président des assises est d'assurer la police de la salle, de diriger les débats et, de concert avec ses assesseurs, d'appliquer la loi et de prononcer le jugement.

Le jury est composé de douze membres tirés au sort sur une liste de citoyens honorables, ayant un bon jugement et une instruction suffisante.

Le prévenu comparaît devant le tribunal constitué ; il est assisté d'un avocat.

Le président questionne le prévenu, les témoins, donne la parole au procureur général qui prononce son *réquisitoire*, c'est-à-dire soutient l'accusation, puis à l'avocat qui plaide l'*innocence* du prévenu ou les circonstances atténuantes.

Le débat terminé, le jury se retire dans sa salle des délibérations et vote par oui ou par non sur une série de questions posées par le président des assises ; les réponses sont écrites ; ces réponses constituent *le verdict*.

C'est sur ce verdict que la cour délibère pour l'application de la loi ; après délibération, le président prononce *le jugement*.

On le voit, dans les assises ce sont les citoyens qui, en fait, jugent, au nom de la société qu'ils représentent.

Autres rédactions données dans les examens.

1. — Le juge de paix, son rôle, étendue de sa juridiction.

2. — Quelle différence faites-vous entre un tribunal civil et un tribunal correctionnel ? Composition des tribunaux, leur siège.

3. — Qu'entend-on par cour d'appel ? Leur utilité. Qu'est-ce que la cour de cassation ?

4. — Organisation des cours d'assises. Le jury. Citez les cas pour lesquels on est traduit devant la cour d'assises. Comment se rend un jugement en cour d'assises ?

5. — Qu'est-ce que la justice pénale ? Contraventions, délits, crimes. Tribunaux de simple police et correctionnels. Cours d'assises. Cour de cassation.

6. — Parlez des tribunaux de commerce, leur composition, nomination des juges. Leurs attributions.

7. — Avez-vous entendu parler des conseils de guerre ? Dites ce que vous en savez. Parlez des conseils de préfecture.

8. — La force publique. — La police. A quoi sert-elle ? Son utilité.

9. — L'armée : le soldat et les chefs autrefois et aujourd'hui. Qui était soldat autrefois ? Qui est soldat aujourd'hui ?

MORALE

MOIS DE JUIN

Programme. — *Devoirs envers les autres hommes.* — *Justice et charité : Ne faites pas à autrui ce que vous ne voudriez pas qui vous fût fait ; faites aux autres ce que vous voudriez qui vous fût fait. Ne porter atteinte ni à la vie, ni à la personne, ni aux biens, ni à la réputation d'autrui. — Bonté, fraternité. Tolérance, respect de la croyance d'autrui.*

DÉVELOPPEMENT DU PROGRAMME

Les devoirs envers les autres hommes peuvent se résumer en deux mots : *justice* et *charité*. L'observation exacte, rigoureuse de deux formules suffit pour nous acquitter de nos devoirs envers nos semblables : « Ne faites pas à autrui ce que vous ne voudriez pas qu'il vous fût fait, » et « faites aux autres ce que vous voudriez qu'il vous fût fait ».

Je ne veux pas être frappé, je ne veux pas être volé, je veux qu'on me respecte, qu'on n'attaque pas ma réputation, etc.; je ne dois pas frapper, je ne dois pas voler, je dois respecter les autres, je dois me garder de porter atteinte à la réputation d'autrui, etc.

En agissant ainsi je serai *juste;* je resterai dans le droit strict : je ne ferai de mal à personne, mais je ne ferai pas de bien non plus.

Je suis frappé par l'infortune, je suis misérable; je n'ai pas le droit de voler, je n'ai pas droit à la propriété d'autrui; mais comme je suis aise que les autres hommes me viennent en aide! Je suis malheureux, j'ai de grands chagrins ; combien je suis heureux que mes voisins s'associent à mes malheurs et me consolent! De même je dois *aider, consoler* les autres hommes, et ainsi je satisfais au précepte de *charité.*

Dans une société il y a toujours des malheurs à consoler, des torts à pardonner, des misères à soulager ; ce serait une bien pauvre société que celle où chacun passerait, faisant strictement son devoir, sans pratiquer le précepte de charité.

On manque au principe de justice quand on porte atteinte à la vie, à la personne, à la liberté des autres ; on manque encore à la justice quand on *médit,* quand on *calomnie ;* on manque enfin à la justice quand on porte atteinte à la propriété des hommes.

On manque à la charité quand on est *avare, égoïste.*

Les vertus de ceux qui mettent en pratique les deux préceptes de justice et de charité sont : la *tolérance,* la *bonté,* la *fraternité.*

Celui qui tue un autre homme commet un *homicide ;* l'homicide prend les différents noms de parricide, infanticide, fratricide, etc., selon les degrés de parenté de celui qui commet l'homicide. Nous n'avons pas le droit d'ôter la vie à un de nos semblables ; cependant la société admet qu'il y a un intérêt supérieur à enlever la vie à ceux qui n'ont pas respecté celle des autres ; on admet aussi qu'on n'est pas punissable quand on donne la mort à son adversaire dans le cas de *légitime défense.*

Nous n'avons pas le droit non plus d'entraver la liberté des autres ; ainsi, personne n'a le droit de nous priver de notre *liberté individuelle,* de nous enfermer ; la société seule a ce droit dans des cas déterminés par la loi. Personne n'a le droit d'entraver *la liberté de conscience ;* celui qui, par des menaces ou des promesses, porte atteinte à une quelconque des libertés de l'homme, manque au précepte de *justice.*

Nous n'avons pas le droit de prendre ce qui ne nous appartient pas ; la justice pénale nous le défend, à plus forte raison la morale. On peut prendre le bien d'autrui, ou le retenir, ou y porter atteinte de plusieurs façons : ainsi le domestique paresseux, qui profite de l'absence de ses maîtres pour ne pas travailler, le journalier, l'ouvrier qui ne font pas leur travail dans des conditions convenables portent tort à ceux qui les emploient.

Calomnier, c'est imputer faussement à quelqu'un un mal qu'il n'a pas fait ou grossir celui qu'il a fait ; *médire*, c'est dire le mal que quelqu'un a fait. Calomnier, c'est manquer à la justice ; médire, c'est manquer à la charité.

Le calomniateur et le médisant peuvent porter un tort très grand à ceux contre lesquels la calomnie et la médisance sont dirigées ; la réputation est chose sacrée et, dès qu'elle est seulement attaquée, à tort ou à raison, il est bien difficile de lui rendre son auréole de pureté ; aussi se défie-t-on des personnes qui se plaisent à parler des autres ; la plus grande prudence, la plus grande réserve doivent être observées quand il s'agit de la réputation de nos semblables.

La tolérance est le sentiment qui nous fait supporter chez les autres ce qui n'est pas conforme à notre manière de voir, à nos idées. On doit être tolérant surtout en matière de religion et de politique ; si l'on eût été tolérant, comme le voulait Michel de l'Hôpital, bien du sang versé inutilement au temps des guerres de religion eût été épargné.

La fraternité est le sentiment qui nous fait considérer les autres hommes comme des frères et la réunion de tous les hommes comme une grande famille. Ce sentiment nous dispose à être *bons* et *obligeants* envers tous les hommes. Les devoirs de fraternité et de sociabilité se confondent.

La guerre a des rigueurs qui suspendent les devoirs

généraux de fraternité pour faire place aux devoirs plus étroits imposés par la patrie. Après le combat, les devoirs de fraternité reprennent leurs droits ; nous devons soulager les blessés ennemis comme les nôtres et rendre aux morts ennemis les honneurs que nous rendons aux nôtres.

SUJET DE RÉDACTION DONNÉ AUX EXAMENS DU CERTIFICAT D'ÉTUDES PRIMAIRES

Vous êtes élève, vous ne disposez que de peu d'argent. Pouvez-vous néanmoins être charitable ? Indiquez, dans l'affirmative, comment vous pouvez faire du bien autour de vous.

DÉVELOPPEMENT

Etre charitable, c'est obéir au précepte de charité : « Fais à autrui ce que tu voudrais qui te fût fait. » On peut donc être charitable de plusieurs manières : on peut donner aux misérables une partie de ce que l'on possède ; c'est ce que l'on appelle faire l'aumône ; mais on est charitable aussi quand on s'applique à consoler ceux qui ont des chagrins, quand on partage les peines de ceux qui souffrent ; on est charitable quand on donne un bon conseil, soit pour tirer d'embarras celui qui y est, soit pour l'empêcher de faire une sottise ; on est charitable encore quand on empêche quelqu'un d'être calomnié.

Je m'estimerais malheureux, moi, pauvre écolier qui n'ai que quelques petits sous que me donnent mes parents de loin en loin, si je ne pouvais faire des actes de charité ; je crois cependant que je suis charitable quand j'empêche Louis D..... d'être frappé par ses camarades à qui il ne cesse de faire des niches ; je suis charitable quand je lui donne le conseil d'être meilleur camarade et meilleur élève. Quand le pauvre Joseph R..... n'a — ce qui lui arrive souvent — qu'un peu de pain noir pour faire son repas et que je lui donne une partie des gourmandises qu'on a mises dans mon sac, je suis charitable.

Les occasions d'être charitables ne manquent pas dans la vie; elles ne manquent dans aucune situation ni à aucun âge; il suffit d'être animé de l'esprit de charité, ce qui n'existe pas sans un grand fonds de bonté.

Autres rédactions données dans les examens.

1. — Citez deux préceptes bien connus qui nous tracent notre conduite à l'égard d'autrui : 1° pour être juste; 2° pour être charitable.

2. — Comment un domestique doit-il se conduire envers son maître, un ouvrier envers son patron, pour remplir son devoir?

3. — Qu'est-ce que la calomnie? Qu'est-ce que la médisance? Que pensez-vous du calomniateur et du médisant?

4. — Montrez ce que deviendrait la société humaine si les hommes ne mettaient pas en pratique cette maxime : « Ne fais pas à autrui ce que tu ne voudrais pas qu'on te fît? »

5. — Vous racontez dans une lettre un acte de probité dont s'est honoré un de vos camarades.

INSTRUCTION CIVIQUE

MOIS DE JUIN

Programme. — *L'enseignement. Ses divers degrés. La devise républicaine : Liberté, égalité, fraternité.*

DÉVELOPPEMENT DU PROGRAMME

L'enseignement est donné en France dans des établissements entretenus par l'Etat ou par les communes avec, le plus souvent, le concours de l'Etat, ou dans des établissements appartenant à des particuliers, à des communautés, à des associations.

On nomme *enseignement public* celui qui est donné dans les établissements de l'Etat et *enseignement libre* celui qui est donné dans les autres établissements.

L'Etat entretient des écoles spéciales pour former les maîtres chargés de donner les divers enseignements ; il exige de ces maîtres des garanties d'instruction et de moralité ; il fait contrôler par des inspecteurs l'enseignement donné dans ses établissements ; l'administration de l'enseignement est une de celles dont le personnel est le plus nombreux et les fonctions les mieux définies.

L'Etat ne peut se désintéresser complètement de l'enseignement libre, car il ne faut pas oublier que l'enseignement façonne les intelligences et les âmes et que, selon que les idées inculquées à la jeunesse sont en harmonie avec les idées générales de la nation ou non, on peut préparer une ère de paix ou de troubles civils. Mais, dans les établissements libres, la surveillance de l'Etat se borne à empêcher de donner un enseignement contraire aux lois du pays et aux bonnes mœurs. Quant à la question des grades exigés pour l'enseignement libre, l'Etat se borne à demander un minimum.

L'enseignement comprend trois degrés : l'enseignement *primaire*, l'enseignement *secondaire*, l'enseignement *supérieur*.

L'enseignement primaire est le seul obligatoire ; il est donné principalement dans les écoles *primaires élémentaires*, les seules dont l'entretien soit obligatoire pour les communes et qui reçoivent les enfants de six à treize ans. L'enseignement primaire étant obligatoire pour les filles comme pour les garçons, il y a des écoles primaires spéciales aux garçons et d'autres spéciales aux filles. Comme il y a des communes trop petites pour pouvoir entretenir deux écoles, elles entretiennent une école mixte, c'est-à-dire une école qui reçoit des garçons et des filles.

En dehors des écoles primaires élémentaires dont l'entretien est obligatoire, l'enseignement primaire est donné dans d'autres établissements dont l'entretien est facultatif pour les communes.

Ce sont : les écoles *maternelles* où les élèves des deux sexes sont reçus de l'âge de deux ans à l'âge de six ; les *écoles primaires supérieures* où les élèves sont reçus dès qu'ils sont pourvus du certificat d'études primaires ; les *écoles manuelles d'apprentissage*.

L'enseignement primaire public est *gratuit*, ce qui le met à la portée de tous ; la gratuité a été considérée par nos législateurs comme le corollaire de l'obligation.

L'enseignement secondaire est donné dans les *lycées* et dans les *collèges :* il comprend, dans les mêmes établissements, l'*enseignement classique* et l'*enseignement moderne;* le premier comprend l'enseignement du latin et du grec, tandis que le second ne comprend pas cet enseignement ; ils mènent l'un et l'autre au *bacca-*

lauréat, le premier au *baccalauréat classique,* l'autre au *baccalauréat moderne,* qui comprennent l'un et l'autre trois branches : *lettres philosophie, lettres sciences, lettres mathématiques.*

Le baccalauréat est exigé pour l'entrée aux grandes écoles du gouvernement et pour l'entrée dans les Facultés, au moins à titre de boursier.

L'enseignement supérieur est donné dans les *Facultés,* dont les élèves sont nommés des étudiants ; il y a des *Facultés de lettres,* de *sciences,* de *droit,* de *médecine ;* il y a aussi des Facultés de théologie.

Les grandes écoles du Gouvernement sont principalement : l'*Ecole polytechnique,* l'*Ecole de Saint-Cyr,* l'*Ecole navale,* l'*Ecole forestière,* l'*Ecole centrale.*

Pour former les professeurs de l'enseignement secondaire, l'Etat entretient l'*Ecole normale supérieure,* d'où l'on sort généralement avec les grades de licencié ou d'agrégé de l'enseignement secondaire ; les étudiants des Facultés de sciences et de lettres peuvent obtenir les mêmes grades. C'est devant les *Facultés* que l'on passe les différents examens qui font conférer les grades de *bachelier,* de *licencié,* de *docteur.*

Le titre d'agrégé s'obtient au concours, devant des commissions spéciales qui siègent à Paris.

Pour former les maîtres et les maîtresses de l'enseignement primaire, il y a les *écoles normales primaires ;* chaque département, ou à peu près, a une école normale d'instituteurs et une école normale d'institutrices.

Les professeurs des écoles normales sont formés dans des écoles spéciales appelées *écoles normales primaires supérieures.*

L'enseignement secondaire ni l'enseignement supérieur ne sont gratuits, mais l'Etat, dont le principe est que tous les citoyens sont « aptes à occuper tous les emplois » selon leurs capacités, facilite aux déshérités de la fortune les moyens d'acquérir les connaissances qui leur permettront, s'ils ont les autres qualités nécessaires, d'avoir accès à tous les emplois; il a créé *des bourses* dans les lycées et collèges et auprès des Facultés; toutes les bourses sont données après concours.

L'honneur de la Troisième République sera d'avoir créé *l'enseignement secondaire des jeunes filles* avec ses *lycées*, ses *collèges*, son *école normale spéciale* pour former des maîtresses aptes à donner cet enseignement.

Notre devise nationale est : *Liberté, égalité, fraternité;* voici l'explication que l'on peut donner de chacun des mots qui la composent :

1º Tous les Français sont libres puisqu'ils ont la liberté individuelle, la liberté de conscience, la liberté du travail, la liberté de réunion, etc.;

2º Tous les Français sont égaux devant la loi, tous payent l'impôt d'après les mêmes bases, tous peuvent parvenir aux mêmes emplois publics, etc.;

3º Tous les Français doivent s'aimer comme des frères, car ils parlent la même langue, ils ont les mêmes lois, leurs intérêts généraux sont communs. Cette devise renferme donc en trois mots nos *droits* et nos *devoirs* essentiels de *citoyen.*

SUJET DE RÉDACTION DONNÉ AUX EXAMENS DU CERTIFICAT D'ÉTUDES PRIMAIRES

La République de 1792 a proclamé la liberté de conscience. Savez-vous ce que cela signifie? Expliquez-le.

DÉVELOPPEMENT

La liberté de conscience, c'est le droit que chacun a de choisir et de professer les opinions religieuses ou philosophiques qui lui paraissent le plus conformes à la vérité, sans pouvoir, pour cela, être inquiété par l'autorité publique.

Nous trouvons tout naturel, parce que nous le voyons tous les jours, que les catholiques aillent à l'église, les protestants au temple, les israélites à la synagogue ; nous trouvons tout naturel de voir réunis, dans une même société, des hommes appartenant à des cultes différents ; nous entendons tous les jours émettre des opinions religieuses ou philosophiques diverses et nous ne voyons rien d'extraordinaire à cela ; mais, pour peu que nous nous souvenions de ce que nous avons appris en histoire, nous constaterons que cette liberté de conscience, que nous trouvons toute naturelle aujourd'hui, a été longtemps contestée, même après les guerres de religion qui ont coûté tant de sang. Si l'on étudie l'histoire des religions, dans tous les temps et dans tous les pays, on constate que chaque religion a prétendu à l'infaillibilité et à l'exclusivisme ; on constate aussi que chacune a été animée de l'esprit de prosélytisme, c'est-à-dire du désir de faire de nouveaux adeptes, et que, pour arriver plus sûrement à ses fins, elle a cherché à réunir le pouvoir civil au pouvoir spirituel, ou à dominer du moins le pouvoir civil ; aussi y a-t-il eu dans tous les pays une religion d'Etat.

En proclamant la liberté de conscience, la Révolution a affirmé qu'il ne pouvait plus y avoir de religion d'Etat et que le Gouvernement ne se reconnaissait plus le droit d'exiger de ses fonctionnaires, pas plus que d'un simple citoyen, qu'ils appartinssent à une religion quelconque.

Sans doute, ce n'est pas le lendemain de la proclamation des Droits de l'homme que toutes les idées que contient cet admirable monument de l'esprit humain sont passées dans l'ordre des faits accomplis ; mais nous devons être reconnaissants à nos pères d'avoir posé les principes qui nous ont amenés peu à peu à un état social meilleur et conforme vraiment aux principes de la liberté humaine.

Autres rédactions données dans les examens.

1. — Ce que c'est qu'une école primaire, ce qu'on y fait ; utilité des écoles.
2. — Par qui est donné l'enseignement primaire ? par qui est donné l'enseignement supérieur ?
3. — On lit, sur la façade d'un grand nombre de monuments publics, cette devise : « Liberté, Egalité, Fraternité. » Dites comment vous comprenez ces trois mots et insistez sur l'interprétation fausse que l'on pourrait donner aux deux premiers.

RÉVISION GÉNÉRALE

MOIS DE JUILLET ET D'AOUT

Sujets donnés aux examens du certificat d'études primaires.

1. — La dernière leçon de morale a porté sur la reconnaissance. Un de vos camarades, retenu chez lui pour cause de maladie, vous prie de lui en faire le compte-rendu. Vous lui écrivez et vous développez ces trois points : 1o définition de la reconnaissance ; 2o envers quelles personnes les enfants doivent-ils être reconnaissants ; 3o pourquoi ?

Renseignements. — 1o La reconnaissance, c'est le souvenir des bienfaits reçus ; 2o Les enfants doivent de la reconnaissance à leurs parents, à leurs maîtres, à la patrie ; 3o Ils doivent de la reconnaissance à leurs parents parce que ceux-ci leur ont donné la vie, qu'ils leur donnent la nourriture, les vêtements, parce qu'ils les entourent de soins de toutes sortes et qu'ils leur font donner l'instruction. Les maîtres se dévouent pour donner à leurs élèves une instruction aussi complète que possible et s'efforcent de faire d'honnêtes hommes et de bons citoyens. La patrie veille sur eux, leur procure les bienfaits d'une civilisation avancée et les protège par ses lois.

2. — Quelles sont les principales formes de gouvernement? Les caractériser en prenant des exemples en Europe. Exposer sommairement la constitution qui nous régit.

> *Renseignements.* — Monarchie absolue : Russie. Monarchie constitutionnelle : Angleterre, Belgique. République parlemenmentaire : France.

3. — Vous avez un frère plus jeune que vous ; dites comment vous vous conduisez à son égard.

4. — Dites ce que c'est qu'un citoyen ; quels sont ses droits et ses devoirs.

5. — L'enfant a-t-il réellement des inférieurs? Quels sont ses devoirs envers les domestiques de la maison ?

6. — Qu'est-ce que le service militaire? Quels sont les devoirs du soldat?

7. — Dites quels sont vos devoirs à l'école.

8. — Ce que c'est que la mairie. Principaux actes qui s'y accomplissent.

9. — Qu'est-ce que la patrie française? Pourquoi doit-on l'aimer? Quels devoirs a-t-on envers elle?

10. — Un de vos camarades a entendu dire que le ministre des finances était en train de préparer le budget. Il n'a pas compris ce que cela veut dire. Vous le lui expliquez et vous lui montrez la nécessité d'un budget.

11. — Quels sont les principaux devoirs envers soi-même? Quelle est la raison d'être de chacun de ces devoirs?

12. — Faites la description du chef-lieu de votre canton.

13. — Qu'est-ce qu'un préfet ? Qui le nomme ? Quelles sont ses attributions ?

14. — Montrez que le travail est un devoir, et dites quels sont d'ailleurs les avantages qu'il procure.

Il y a des gens qui disent : Ceux qui travaillent de leurs mains, les laboureurs et les artisans, sont seuls des travailleurs. Etes-vous de leur avis ?

15. — Qu'entend-on par l'Etat ? Qu'est-ce que le Gouvernement ? Quel est le rôle du Gouvernement ? Faites connaître les trois pouvoirs de l'Etat.

16. — Qu'est-ce qu'un ministre ? Par qui sont nommés les ministres ? Enumérez les différents ministères. — Dans quels cas les ministres doivent-ils donner leur démission ?

17. — On dit : « Le travail est un trésor ; » expliquez cette pensée ; pourquoi le paresseux est-il malheureux ?

18. — Grand émoi dans votre paisible commune. Un ouvrier, dans un accès de fureur causé par l'ivresse, a tué sa mère et s'est pendu ensuite. Dans une lettre à un ami vous racontez cet événement dramatique et vous y ajoutez vos réflexions sur l'ivresse et ses conséquences.

19. — Que savez-vous sur la manière dont se rendait la justice au Moyen-Age ? Comment était organisée l'administration de la justice sous la royauté absolue ? Comment est-elle organisée de nos jours ?

20. — Dites ce que c'est qu'un égoïste. Quelle est sa conduite habituelle, en classe, en récréation, dans la famille ? Quelles sont les conséquences de cette conduite aujourd'hui, et que lui arrivera-t-il quand il sera grand ?

21. — Vous racontez à un de vos amis un fait qui s'est passé dans votre école à l'occasion duquel un de vos camarades a manqué de justice. Vous terminerez en

parlant d'un autre de vos camarades qui s'est signalé par un acte de charité.

22. — En revenant de l'école, vous avez trouvé un enfant qui jetait des pierres à un vieillard pauvre et infirme. Vous écrivez à un de vos amis pour lui raconter cette scène et vous l'appréciez.

23. — Distinguez la solidarité de la fraternité. Montrez comment nous sommes tous solidaires les uns des autres et dites en quoi la fraternité est supérieure à la solidarité.

24. — Quels sont les motifs pour lesquels l'Etat a rendu l'instruction primaire obligatoire?

APPENDICE

Déclaration des Droits de l'homme et du citoyen.

Cette déclaration fut votée le 26 août 1789 dans le but de rappeler sans cesse à tous les membres du corps social leurs droits et leurs devoirs.

I. — Les hommes naissent et demeurent libres et égaux en droits.

II. — Ces droits sont : la liberté, la propriété, la sûreté et la résistance à l'oppression.

III. — Le principe de toute souveraineté réside dans la Nation. Nul corps, nul individu ne peuvent exercer d'autorité qui n'en émane expressément.

IV. — La liberté consiste à pouvoir faire tout ce qui ne nuit pas à autrui.

V. — La loi n'a droit de défendre que les actions nuisibles à la société.

VI. — La loi est l'expression de la volonté générale. Tous les citoyens ont droit de concourir personnellement, ou par leurs représentants, à sa formation. Elle doit être la même pour tous, soit qu'elle protège, soit qu'elle punisse. Tous les citoyens étant égaux à ses yeux sont également admissibles à toutes dignités, places et emplois publics, selon leur capacité, leurs vertus et leurs talents.

VII. — Nul homme ne peut être accusé, arrêté ni détenu que dans les cas déterminés par la loi, et selon les formes qu'elle a prescrites.

VIII. — La loi ne doit établir que des peines strictement et évidemment nécessaires, et nul ne peut être puni qu'en vertu d'une loi établie et promulguée antérieurement au délit et légalement appliquée.

IX. — Tout homme étant présumé innocent jusqu'à ce qu'il ait été déclaré coupable, s'il est jugé indispensable de l'arrêter, toute rigueur qui ne serait pas nécessaire pour s'assurer de sa personne doit être sévèrement réprimée par la loi.

X. — Nul ne doit être inquiété pour ses opinions, même religieuses, pourvu que leur manifestation ne trouble pas l'ordre public établi par la loi.

XI. — La libre communication des pensées et des opinions est un des droits les plus précieux de l'homme. Tout citoyen peut donc parler, écrire, imprimer librement, sauf à répondre de l'abus de cette liberté dans les cas déterminés par la loi.

XII. — La garantie des droits de l'homme et du citoyen nécessite une force publique.

XIII. — Pour l'entretien de la force publique et pour les dépenses d'administration, une contribution commune est indispensable. Elle doit être égale-

ment répartie entre tous les citoyens, en raison
de leurs facultés.

XIV. — Tous les citoyens ont le droit de constater,
par eux-mêmes ou par leurs représentants, la
nécessité de la contribution publique, de la
consentir librement, d'en suivre l'emploi et d'en
déterminer la quotité, l'assiette, le recouvre-
ment et la durée.

XV. — La société a le droit de demander compte à
tout agent public de son administration.

XVI. — Toute société dans laquelle la garantie des
droits n'est pas assurée, ni la séparation des
pouvoirs déterminée, n'a point de constitution.

XVII. — La propriété étant un droit inviolable et
sacré, nul ne peut en être privé, si ce n'est
lorsque la nécessité publique, légalement cons-
tatée, l'exige évidemment, et sous la condition
d'une juste et préalable indemnité.

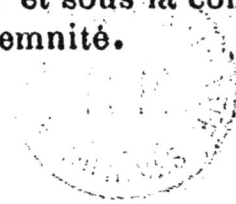

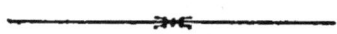

TABLE DES MATIÈRES

TOULOUSE, IMPRIMERIE J. FOURNIER, BOULEVARD LAZARE-CARNOT, 62

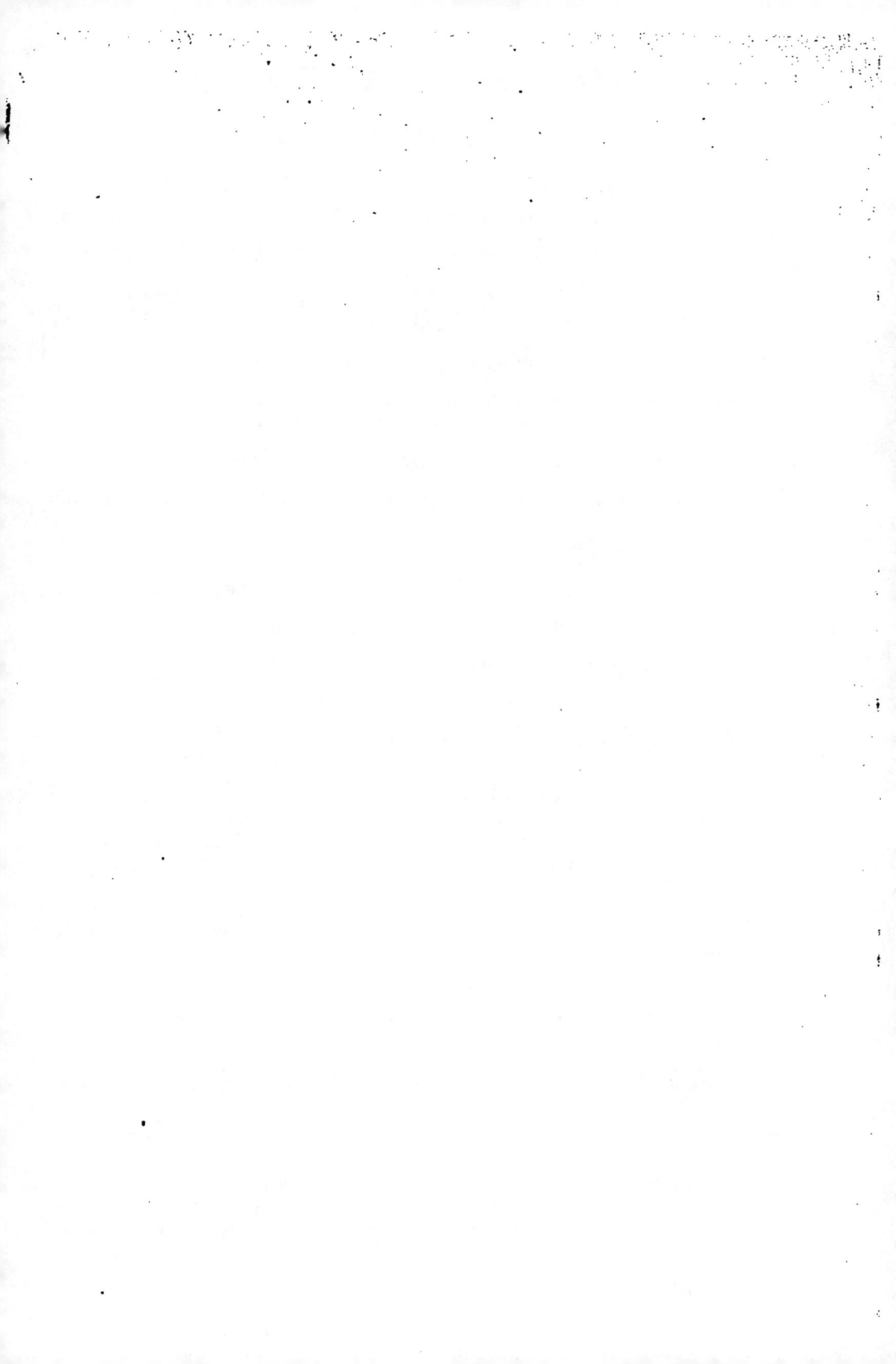

www.ingramcontent.com/pod-product-compliance
Lightning Source LLC
Chambersburg PA
CBHW060633100426
42744CB00008B/1615